Feng Shui
para
Occidente

Terah Kathryn Collins

Feng Shui
para Occidente

Hay House, Inc.
Carlsbad, California • Sydney, Australia
Canada • Hong Kong • United Kingdom

Título original: *The Western Guide to Feng Shui*
Editor original: Hay House, Inc., P.O. Box 5100
Carlsbad, CA, USA 92018-5100
(760) 431-7695
Traducción: Alex Pérez

© 1995 by Terah Kathryn Collins
© de la traducción: 1997 *by* Alex Pérez
© 1998 Hay House, Inc.
P.O. Box 5100
Carlsbad, CA 92018-5100
(760) 431-7695

ISBN: 1-56170-499-7
Impreso en USA—*Printed in the USA*
Impreso 1: Octubre 1998
Impreso 2: Marzo 2003

A nuestros hogares y lugares de trabajo.
Que sean nuestro paraíso personal.

Índice

Mi trayectoria personal 13

Agradecimientos 17

Introducción 19

Cuándo aplicar el Feng Shui 23

1. **Feng Shui, el arte chino de la ubicación** 25

   El Feng Shui en Occidente 27

   El Feng Shui, aquí y ahora 28

2. **La carta de navegación del chi** 31

   Todo está vivo 31

   Todo está relacionado 33

   Todo cambia 34

3. **Cómo abrir los ojos a la mirada del Feng Shui** 39

   Yin y yang 40

   Los cinco elementos aplicados al Feng Shui 43

   Cómo se combinan los cinco elementos 48

   Cómo se expresan los cinco elementos 49

   Los ciclos de alimentación y control de los cinco elementos ... 50

4. **Ubicación, ubicación, ubicación** 57

   Hogar, dulce hogar 58

   Las calles en las que vivimos 59

   Nuestras ventanas y puertas 60

   Las puertas y ventanas de otras personas 62

   Oficinas y lugares de trabajo 63

5. **Cómo equilibrar las características estructurales** 69
    Las bocas del chi: los umbrales 70
    El umbral del automóvil: los garajes 72
    Predisposición del ambiente: la primera impresión 74
    Delante y detrás: ubicación de las habitaciones 76
    Romper moldes: el uso de las habitaciones 78
    El camino señalado: las esquinas 78
    Remodelar la «caja»: los rincones 80
    Ríos y rápidos de aguas embravecidas: escaleras y vestíbulos . 81
    La línea entre el cielo y la tierra: los techos 83
    Los cauces del chi: las vigas 85
    Nuestros compañeros del siglo xx: el material eléctrico 86
    Cómo crear sus lugares de poder: escritorios, camas y otros
        elementos del mobiliario 88
6. **El mapa bagua del Feng Shui y el I Ching** 95
    Dónde colocar sus tesoros. Cómo utilizar el mapa bagua 97
    Cómo trazar el mapa bagua de una estancia 99
    Cómo conjugar el uso dado a cada estancia
        con el mapa bagua 100
    Zonas bagua perdidas o ausentes 101
    Vivir de acuerdo con el mapa bagua y rodeado
        de las cosas que ama 103
    Reafirmaciones del propio entorno: cómo personalizar
        su forma de realzar el bagua 104
    Todos los sitios son importantes: armarios, sótanos,
        desvanes, garajes 106
    Irse por el desagüe: los cuartos de baño 107
    Cómo distribuir su mobiliario teniendo en cuenta el bagua . . . 108
7. **El éxito del bagua en la vida real** 113
    El mapa bagua. SALUD Y FAMILIA 115
    El mapa bagua. RIQUEZA Y PROSPERIDAD 125
    El mapa bagua. FAMA Y REPUTACIÓN 137
    El mapa bagua. AMOR Y MATRIMONIO 145
    El mapa bagua. CREATIVIDAD E HIJOS 159

El mapa bagua. PERSONAS ÚTILES Y SERVICIALES
Y VIAJES 169
El mapa bagua. CARRERA PROFESIONAL 179
El mapa bagua. SABER Y CULTURA 187
EL CENTRO DEL MAPA BAGUA 196

8. **Las herramientas básicas del Feng Shui para realzar el chi** 199
   1) Colores 199
   2) Espejos 201
   3) Iluminación 203
   4) Cristales 205
   5) Fuentes de sonido 206
   6) Seres vivos 206
   7) Objetos de la naturaleza 208
   8) Estructuras acuáticas 209
   9) Bailarines del viento 210
   10) Arte 211

9. **Las ofrendas bagua** 215
   Ofrendas bagua de puertas adentro 216
   Ofrendas bagua en el exterior 217

10. **El respeto a la intimidad y el territorio propio** 221

11. **Viajar con el Feng Shui** 231
    El equipo de viaje del Feng Shui 233
    El mobiliario en viaje 234

12. **Sumario. Descubra su paraíso** 237

Lecturas recomendadas 241

Mi trayectoria personal

Inicié mi trayectoria cuando una amiga insistió en que la acompañara a una conferencia que versaría sobre una extraña disciplina llamada Feng Shui. Yo había oído hablar tan poco del tema que estaba convencida de que se trataba sólo de una sarta de supersticiones extraídas del folclore chino. No tenía muchas ganas de asistir a esa conferencia, pero acepté a regañadientes el ofrecimiento.

El conferenciante era el doctor Richard Tan, un prestigioso acupuntor y especialista en Feng Shui afincado en San Diego, California. Llevaba menos de tres minutos escuchándole cuando me invadió la convicción de que esta disciplina describía exactamente lo que yo misma había estado practicando de forma intuitiva durante años. En uno de esos insólitos y maravillosos momentos que tan raras veces se tiene ocasión de experimentar, sentí que toda mi vida había sido programada con absoluta precisión para acabar conduciéndome hasta aquel hombre y aquella información. A medida que le escuchaba hablar, se iba apoderando de mí, cada vez con más fuerza, una gran excitación y un reverencial sobrecogimiento ante las coincidencias de la vida. Tenía ante mí una antigua ciencia oriental que consideraba y trataba los edificios y construcciones desde el mismo enfoque holista con que yo llevaba considerando y tratando a las personas desde hacía más de una década. Muy atenta a todas y cada una de las palabras del doctor Tan, aquella fue mi primera lección acerca de la teoría y práctica del lenguaje de mi futuro.

Me sumergí en el estudio del Feng Shui con el doctor Tan; tambiér con Louis Audet, especialista en Feng Shui y buen conocedor de las prácticas basadas en la sabiduría de la Tierra; y con el maestro Lin Yun, una autoridad en la materia y fundador del templo Yun Lin en Berkeley, California. A medida que iba estudiando con distintos maestros y leía todo lo que caía en mis manos sobre este tema, fui dándome cuenta de que en la inconmensurable urdimbre del Feng Shui se encontraban estrechamente entretejidos los principios holistas con los que siempre había trabajado y que habían servido de guía a mi existencia. Entonces, por primera vez en mi vida, sentí auténtica pasión por lo que estaba haciendo, segura de haber elegido la orientación adecuada para alcanzar lo que me había propuesto hacer en la vida.

La búsqueda de un objetivo que justificara y diera sentido a mi vida comenzó en mi adolescencia. Aprendí y practiqué meditación trascendental y yoga, me inicié en el I Ching y estudié filosofía oriental. Al acabar mis estudios en el instituto, decidí viajar y consideré la posibilidad de vivir en otros lugares del mundo. Me trasladé a América del Sur, más tarde a Puerto Rico, luego al Suroeste de Norteamérica y, por último, a España. En el transcurso de mis viajes, tuve ocasión de experimentar innumerables coincidencias, como la de toparme continuamente con numerosas personas que tenían una visión holista de la salud. Aquello se convirtió en la constante razón de ser de mis viajes. Quiroprácticos, acupuntores, chamanes y sanadores de todo tipo se cruzaron en mi camino y compartieron conmigo sus métodos para devolver a las personas el equilibrio y la salud.

Cuatro años más tarde volví a mi hogar en Virginia, y allí, inspirada por mis andanzas, me especialicé en la terapia de polaridad y la programación neurolingüística, aguzando así mi destreza a la hora de proporcionar salud desde el punto de vista holista y como educadora. Eso me condujo a practicar sin descanso las técnicas relacionadas con la salud holista y a participar como cofundadora en la creación del Polarity Therapy Center de Virginia, centro en el que también impartí clases.

Un día, durante una meditación, descubrí impresionada que ya habían pasado catorce años desde mis viajes y mi vuelta a Virginia, por lo que pensé que había llegado el momento de volver a ponerme en camino. Sentí claramente que se aproximaba también un cambio significativo en mi profesión. Había que empezar a dar los pasos necesarios para partir hacia el lugar en que siempre había deseado estar: California. Aquel mismo día inicié los preparativos.

Durante los dos años que siguieron, me dediqué a completar todos los aspectos en los que había comprometido mi vida. Instruí a un aprendiz para que se hiciera cargo de mi consulta, delegué mis responsabilidades como profesora en mi socio y consagré todo el tiempo que pude a mis amigos y mi familia. Por fin, cerré la puerta tras de mí, dispuesta a seguir progresando en la vida y emprendí la marcha hacia California.

Una vez establecida en San Diego, me enfrenté al siguiente desafío: ¿Y ahora qué? No me sentía motivada para abrir de nuevo una consulta ni para volver a dar clases, como había hecho hasta entonces. Sentía la inminencia de algo nuevo, y no podía sumergirme otra vez en el pasado. Me cautivaba la idea de que los principios holistas relativos a la salud pudieran aplicarse a los entornos físicos con la misma intensidad que a las personas. Con esa idea en la cabeza, tenía la sensación de que mi nuevo objetivo tendría que ver con mi capacidad de sanar y amar los entornos físicos. Llené cuadernos y cuadernos con conceptos que se correlacionaban, reflexiones y notas basadas en mis observaciones sobre «el cuerpo» del entorno. Sentía que algo nuevo estaba a punto de nacer en mí y rogaba por «dar a luz» lo antes posible, para así continuar avanzando en la vida. ¿Cuál iba a ser mi nueva profesión? ¿Cuándo nacería?

El alumbramiento llegó por sorpresa (como suele suceder), durante la conferencia del doctor Tan. De repente, en medio del aula, me puse a dar a luz mi propio futuro: el Feng Shui.

TERAH KATHRYN COLLINS
San Diego, (California), 1996

Agradecimientos

Del mismo modo que para criar un niño se necesita toda una comunidad de personas, también para dar forma a un texto hace falta una colectividad. Este libro ha sido escrito por una serie de personas que me brindaron cariñosamente su apoyo y a las que yo llamo mis amigos y mi familia.

Quiero dar las gracias muy especialmente y ofrecer mi gratitud eterna a Alice y Whit Beatson, Arnold Patent, Pam King, Arlene Swope, al doctor Richard Tan, a Louis Audet, al maestro Lin Yun, a Sarah Rossbach, Eddie Baumruk, Evelyn Thomas, Ron Tillinghast, Jill Kramer, Lisa Roth, Marilyn Felter, Michael Karsh, Cheryl Rice, Jackie y Richard Earnest, Mary Lou LoPreste, Shivam Kohls, Dale y Blanca Shusterman, Rosemary KimBal, Jonathan Hulsh y Carylee Stone.

Y por supuesto a Louise Hay, quien me cargó de energía con su buen humor y me guió por el arduo camino del escritor, animándome una y mil veces con su sempiterna apostilla: «¡limítate a seguir escribiendo!».

También doy las gracias a mi esposo y padre de este libro, Brian Collins, que me arropa todos los días con su amor, su apoyo y su auténtico entusiasmo. Su vivacidad y dinamismo, y su natural comprensión del Feng Shui son en gran medida responsables de la facilidad y el deleite con que este libro vio la luz.

Introducción

Este libro es una guía práctica que tiene por objetivo mostrar a las gentes de cultura occidental cómo aplicar y beneficiarse de la antigua sabiduría contenida en el Feng Shui, el arte chino de la ubicación. No se trata de una obra exhaustiva, ya que su principal objetivo es el de proporcionar explicaciones claras y concisas acerca de los principios y métodos del Feng Shui relacionados con las necesidades específicas de nuestro estilo de vida occidental. Cuando observo a través de mis «Ojos Feng Shui» —ojos capaces de percibir el chi, es decir, la energía contenida en el entorno físico que nos rodea—, me doy cuenta de que esas necesidades son enormes.

En los inicios de mi carrera como consultora de Feng Shui, una agente inmobiliaria me pidió que echara un vistazo a seis propiedades que no había conseguido vender a pesar de que llevaban más de un año en el mercado. Las seis adolecían de notorios problemas desde el punto de vista del Feng Shui. En una de ellas había algo guardado detrás de todas y cada una de las puertas, dificultando el acceso a las distintas estancias. En otra, una escalera conducía directamente a la puerta de entrada, mientras que los muebles y el desorden reinante impedían moverse cómodamente por la casa.

Despejé umbrales, redistribuí el mobiliario, equilibré problemas arquitectónicos, disimulé los rincones y le di una serie de recomendaciones acerca de las cosas que había y no había que hacer, elementos que convenía añadir y otros que había que eliminar, todo ello con el objeto de reforzar y mejorar el chi. Yo esperaba que mis sugerencias hicieran aquellas viviendas más atractivas para los potenciales compradores. Pero lo que sucedió en realidad fue una verdadera sorpresa tanto para mí como para la agente inmobiliaria. En el curso de los siguientes 30 días, cuatro de los seis propietarios retiraron sus casas del mercado porque habían vuelto a sentirse atraídos por ellas y decidido no mudarse. Entretanto, en el mismo periodo de tiempo, las otras dos casas fueron vendidas. Todavía recuerdo la expresión de estupor en el rostro de aquella mujer cuando estuvimos comentando los resultados. Puesto que no podía confiar en el Feng Shui para obtener resultados verdaderamente lucrativos en su negocio inmobiliario (¿qué habría sucedido si las seis casas hubieran sido retiradas del mercado?), no se mostró interesada en aplicar estas técnicas a las casas que pusiera a la venta en el futuro. ¡Pero sin duda ofreció a los compradores consejos extraídos del Feng Shui como regalo o atención especial a la hora de celebrar el estreno de un nuevo hogar!

Desde aquel notable episodio con la agente inmobiliaria, he trabajado en centenares de casas y oficinas. Aunque la denominación «Feng Shui» suene a menudo misteriosa y extraña a nuestros oídos occidentales, lo que en realidad propugna es un sensatísimo conjunto de ideas que llevar a la práctica y pasos a seguir que tienen mucho sentido para cualquier persona que se enfrente al mundo desde un punto de vista holista. El Feng Shui se basa en la premisa de que las personas gozan de una vida más feliz, más saludable y más próspera cuando su entorno, tanto en el hogar como en el trabajo, es armonioso. Lo mismo sucede con el cuerpo humano: cuanto más «saludable» está, al igual que la estructura de nuestros edificios, más nos ayudará a gozar de una existencia rica, creativa y alegre. Mucha gente me dice que los cambios que les sugiero son demasiado obvios... Pero entonces, ¿por qué no se les habían ocurrido a ellos?

Para muchas personas, llegar a comprender los principios básicos del Feng Shui supondría simplemente un pequeño «cambio de chip» en su forma de pensar. Con la ayuda de esta guía y un poco de práctica tomada en serio, usted puede crear armonía, comodidad y equilibrio en casi cualquier entorno, incluso en una oficina abarrotada o en una casa o edificio destartalados. Puede diagnosticar y sanar su hogar o su lugar de trabajo, enfrentándose incluso a graves desequilibrios arquitectónicos, estragos ecológicos o desatinos en la elección del lugar donde se vaya a construir el edificio, aunque se hayan cometido en el pasado. Las respuestas o soluciones son con frecuencia sencillas, cuestiones de simple sentido común. Lo único que tiene que hacer es abrir sus ojos a la mirada del Feng Shui y echar un vistazo a su alrededor.

Este libro pretende enseñarle a mirar el mundo que le rodea de una forma nueva. Su lectura le introducirá en conceptos tan enigmáticos como el chi, el yin y el yang y los cinco elementos, conceptos de valor inestimable a la hora de establecer un diagnóstico y equilibrar su entorno físico. Aprenderá a «leer» y a corregir localizaciones y elementos estructurales problemáticos. Además, le ofrece numerosas sugerencias y ejemplos prácticos que le ayudarán a ubicar y a organizar los objetos materiales que forman parte de su vida —desde la puerta de entrada de su casa hasta su mesa de trabajo—, de forma que sus posibilidades de ser feliz y de tener éxito en la vida se vean favorecidas. También trataremos las diversas formas en que usted puede cargar de energía positiva su entorno, introduciendo en él elementos que encontrará sin dificultad y cuya presencia mejorará su vida hasta límites insospechados. Le explicaremos qué es el mapa bagua, una herramienta de gran valor que podrá utilizar para conseguir cambios positivos en su vida personal y profesional. Con su lectura, descubrirá las experiencias personales vividas por muchas personas, que ilustran de forma práctica los principios del Feng Shui.

¡No se pierda la gratificante experiencia de examinar su propio entorno contemplándolo a través de la mirada del Feng Shui! Se trata de un viaje a su interior, a los lugares en los que pasa la mayor parte de su tiempo, y a la esencia de lo que marca su calidad de vida.

Cuándo aplicar el Feng Shui

Aplique los principios del Feng Shui cuando:

- Esté proyectando y construyendo un nuevo hogar o despacho.
- Deba elegir, entre varios edificios, el más adecuado para establecer allí su hogar o su dirección comercial, tanto si se trata de alquilarlo como de comprarlo.
- Esté remodelando o construyendo un anexo en su hogar o lugar de trabajo.
- Planee vender un edificio o un terreno.
- Desee incrementar su prosperidad, enriquecer sus relaciones personales, mejorar su salud o progresar en cualquier aspecto de su vida.
- Note que su vida ha sufrido cambios importantes desde que se trasladó a su actual hogar o lugar de trabajo.
- Desee purificar el edificio en el que vive o trabaja.

El paraíso está donde yo estoy.

VOLTAIRE

1

Feng Shui,
el arte chino de la ubicación

El *Feng Shui*, término chino que significa «viento y agua», es anterior al confucianismo y al taoísmo, y se practica desde hace más de tres mil años en China. En un principio, se utilizó básicamente para localizar lugares adecuados en los que edificar casas o poblados. Un lugar propicio era aquel en el que la energía vital, llamada *chi*, fluía de forma armoniosa y favorable para la vida humana.

Los practicantes de Feng Shui confiaban en la agudeza de sus sentidos, en su intuición y en los conocimientos que les habían transmitido sus maestros para valorar la tierra. Eran, en cierto modo, intérpretes, pues traducían el lenguaje de una montaña, un valle o una pradera, al dialecto que los aldeanos locales podían comprender, lo que resultaba beneficioso para ellos. En este sentido, eran los responsables de la ubicación estratégica de las viviendas en lugares relativamente elevados, por encima de los llanos susceptibles de sufrir inundaciones, o todo lo contrario, por debajo de altitudes que hubieran estado expuestas a fuertes vientos, para situarlos, en suma, a salvo y al abrigo de la tierra bendecida por un chi armonioso.

A menudo definida como «el vientre del dragón», la forma clásica de un espacio de tierra armonioso se parecía mucho a la de un butacón. El tipo de parcela predilecto para la construcción de una vivienda era un lugar llano, nivelado, arropado y protegido por detrás y a ambos lados por montañas, colinas o bosques, de forma similar a la disposición del respaldo y los brazos de una butaca. La tierra descendía entonces desde la parte de delante hasta un nivel más bajo, donde un río, un arroyo, un estanque o un lago completaban la imagen de la ubicación ideal.

Quienes practicaban el Feng Shui tenían muy en cuenta las sensaciones que experimentaban de forma intuitiva cuando se «unían» a la tierra para sentir las cualidades del chi. Escuchaban atentamente cada sonido, probaban el sabor de la tierra, exploraban los alrededores, observaban los contornos del terreno, buscaban las huellas dejadas por el viento y el agua y permanecían atentos a cualquier señal que significara algún tipo de presagio. Todas las características y particularidades físicas comunicaban algo acerca de las cualidades del chi que envolvía la zona. Huesos de animales, árboles muertos, salientes rocosos de aristas puntiagudas o rocas erosionadas por la acción del agua eran elementos considerados frecuentemente de mal augurio, mientras que un follaje exultante, los arroyos serpenteantes y la existencia de vida animal que permitiera la caza simbolizaban fortuna, salud y felicidad para las personas que fueran a vivir allí.

Una vez localizada la parcela de terreno apropiada, quienes practicaban el Feng Shui supervisaban el desarrollo de la construcción para evitar que las cualidades benignas del chi se vieran deterioradas durante ese proceso. Ellos eran los responsables de elegir los materiales adecuados para la edificación de la vivienda y de vigilar paso a paso el proceso de construcción para asegurar así que el chi continuara fluyendo de forma propicia y vigorizante. La casa se consideraba una especie de joya engastada en su ubicación ideal. Cualquier error o paso en falso podía dañar o destruir el delicado equilibrio establecido, en lo que al chi se refería, entre la estructura creada por el hombre y el entorno proporcionado por la naturaleza.

El Feng Shui en Occidente

Para practicar hoy en día el Feng Shui, no tenemos más remedio que fusionar la sabiduría del Feng Shui tradicional con nuestra propia perspicacia y destreza intuitivas a la hora de investigar, diagnosticar las carencias que nos afectan y comunicarnos. En el mundo occidental, los hábitats se nos presentan en escenarios muy distintos de aquellos a los que se enfrentaban los primeros practicantes de esta disciplina. Son muchas las construcciones ubicadas en terrenos que los antiguos representantes de este arte jamás hubieran elegido, y, más aún, frecuentemente la estructura de la edificación y ciertos detalles en los acabados contradicen de forma flagrante todas las reglas establecidas por este arte.

En lugar de buscar la parcela de tierra ideal para construir en ella una vida placentera y sin complicaciones, por lo general nos vemos obligados a partir de estructuras o construcciones ya existentes. Si el constructor no tuvo cuidado, sin duda dañó el chi que circulaba por la propiedad. Así pues, en la mayoría de los casos, no tenemos la posibilidad de controlar la ubicación, la orientación o la estructura de los edificios ni de las calles que rodean la zona. Esta serie de factores añadidos por la cultura occidental configuran una imagen diferente del practicante de Feng Shui, que debe enfrentarse a nuevos retos. Raramente tenemos buena baza para empezar. Sin embargo, cuando aplicamos los principios del Feng Shui, nos damos cuenta de que contamos con una inagotable reserva de poderosos y eficaces métodos para intensificar y mejorar el chi y hacer que nuestro entorno sea armonioso. No importa que nos dirijamos al norte, sur, este u oeste; no importa que estemos hablando del centro de una metrópolis o de la cima de una montaña, que nuestra aspiración sea el éxito económico o la armonía hogareña; en cualquier caso, que el chi fluya de una manera natural y saludable es fundamental. Igual que les ocurre a los seres humanos, no existen dos edificios idénticos, ni en su estructura ni en su funcionalidad. Para el practicante del Feng Shui, el desafío y la satisfacción residen en poder equilibrar los meridianos y veredas del chi en todos y cada uno de nuestros hogares y despachos hasta alcanzar los resultados deseados: salud, prosperidad y felicidad.

Usted puede ser su propio médico en lo que a la aplicación del Feng Shui se refiere. El arte y la ciencia del Feng Shui le proporcionan una colosal reserva de herramientas que le ayudarán a colmar su entorno de energía positiva. Experimente con los espacios en que le toca vivir, y verá cómo en lugar de preguntarse qué puede hacer para mejorarlos, con abrir sus ojos a la mirada del Feng Shui le bastará para saber exactamente qué debe hacer, y qué cambios son necesarios para precisar el aspecto de su vida en el que debe intervenir o incorporar nuevos hábitos.

El Feng Shui, aquí y ahora

La experiencia me ha enseñado a aplicar los principios del Feng Shui allí donde me encuentre. Con esto quiero decir que un apartamento alquilado, una oficina arrendada, una habitación de hotel o cualquier otro tipo de alojamiento, no deja de necesitar cierto equilibrio sólo por el hecho de ser «temporal» o «provisional». Personalmente, incrementar el chi me ha supuesto una inapreciable ayuda incluso en los alojamientos más provisorios, como lo son, por ejemplo, las salas donde imparto algún seminario o los hoteles en los que paso dos o tres noches en el curso de mis viajes.

Muchas personas esperan a adquirir en propiedad su nuevo hogar para aplicar entonces los principios del Feng Shui, ya que consideran una pérdida de tiempo, esfuerzo y dinero hacerlo en viviendas de alquiler en las que no van a vivir más de uno o dos años. Esa manera de pensar es algo parecido a decir: «Voy a esperar un par de años para empezar a cuidar de mí mismo». Cualquier espacio físico —ya sea utilizado como vivienda o como lugar de trabajo— cuyo chi tienda a descargar energía puede acabar con las fuerzas de quienes lo utilicen aunque sea de forma temporal. Por el contrario, un entorno rico en chi atrae todo tipo de oportunidades favorables y positivas. Si su objetivo es adquirir una casa, o simplemente vivir bien, lo más inteligente es hacer todo lo que esté en sus manos para crear su paraíso personal... , aquí y ahora. El chi que fluye en el espacio físico en que usted vive y trabaja AHORA MISMO es de vital importancia para su salud, su prosperidad y su felicidad. Así pues, empiece a poner todo esto en práctica se encuentre donde se encuentre. Equilibrar y positivizar el entorno en el que usted se halla en este momento es una de las mejores maneras de cargar energía y aumentar las posibilidades de hacer realidad sus objetivos, esperanzas y sueños de futuro.

Haber nacido atractivo no es tan
importante como haber nacido
con buena estrella;

Haber nacido con buena estrella no es
tan importante como tener un
corazón bondadoso;

Tener un corazón bondadoso no es
tan importante como contar con
un chi positivo

PROVERBIO CHINO

2

La carta
de navegación del chi

Existen tres principios básicos en los que se fundamenta el Feng Shui y que definen el chi, es decir, la energía vital que anima, interrelaciona y lo pone todo en movimiento a través de los distintos ciclos de la vida.

Todo está vivo

Todo lo que forma parte del mundo físico está dotado de una energía vital denominada chi. El chi tiene que ver incluso con los bienes materiales que a menudo consideramos inanimados, como coches, ordenadores, muebles y electrodomésticos, así como con las piedras, plantas, parcelas de terreno y edificios. Cualquier objeto físico está «vivo» y posee un chi cuyas características son únicas, además del chi o energía vital que nosotros mismos le transmitimos a través de nuestras reacciones, experiencias y recuerdos. Cuando nuestra respuesta personal se funde de manera armoniosa con los objetos que nos rodean, experimentamos una profunda sensación de equilibrio, comodidad y seguridad. Obviamente, rodearnos de cosas con las que nos sentimos bien resulta mucho más importante cuando consideramos que todo aquello que envuelve nuestra vida es algo «vivo».

Desde el punto de vista del Feng Shui, los edificios se ven como cuerpos vivos y dinámicos que persiguen un objetivo: sustentar y nutrir a quienes los habitan. Su chi es por naturaleza armonioso y vigorizante para las personas, por lo que literalmente se puede decir que las abrazan o envuelven. Ninguna otra cosa necesita tanto que se realicen en ella las modificaciones pertinentes como los edificios, de manera que quede en ellos garantizada la seguridad, la comodidad y la felicidad de quienes viven o trabajan dentro. Así pues, los hogares y los lugares de trabajo sólo cumplen el objetivo para el que fueron construidos cuando las personas que los utilizan los sienten como un puerto seguro, un poderoso trampolín hacia el futuro, un confortable nido o un paraíso personal.

Se suele decir que «lo que para una persona no es más que chatarra, para otra es un tesoro», una frase popular que se refiere a la «vida» que nuestros pensamientos y recuerdos pueden infundir a un objeto. Un recuerdo alegre vinculado a él, por simple o trivial que sea, puede cargarlo de un chi vital positivo que llene a la persona de energía cada vez que lo contempla. Una piña o una pluma recogidas durante una excursión, una taza de porcelana china que su abuelita solía utilizar para prepararle el chocolate de la merienda, una fotografía desvaída en la que aparece usted con su mejor amiga cuando tenían seis años... , son algunos ejemplos de objetos imbuidos de una vida especial que les infunden las emociones positivas que usted siente cada vez que los mira.

Los objetos que le traen a la memoria experiencias negativas o cuya contemplación le produce sensación de tristeza, e incluso los que simplemente no le gustan, no están cargados con el chi vital que resulta positivo para usted. La forma más rápida y eficaz de transformar el signo de la energía de que están dotados esos objetos para conseguir que se convierta en algo fresco y saludable consiste en dejarlos marchar. ¡Véndalos, tírelos o regálelos! Así, volverán a fluir, cambiarán de manos, y lo que para usted no era más que chatarra o trasto puede muy bien convertirse en un tesoro para otra persona. De este modo, el chi tendrá una oportunidad para cargarse de nueva energía o reciclarse, mientras que usted, por su parte, disfrutará del dinamismo que proporciona a la vida aligerar su bagaje y rodearse de cosas impregnadas de connotaciones venturosas y positivas.

Todo está relacionado

El chi vincula unas con otras todas las cosas materiales, todo aquello que existe físicamente. Vivimos en un mundo cuya propia urdimbre hace que todos los elementos que lo conforman estén relacionados. Lance un guijarro a un estanque y observe cómo la superficie del agua se eriza de ondas producidas por el impacto de una simple piedrecilla al entrar en contacto con ella. Esta imagen puede muy bien representar la especial importancia que tiene en su vida el vecindario y la comunidad de personas que lo habita, porque las ondas del chi que fluye en ellos se propagan hasta su propio hogar o lugar de trabajo.

El principio de la interrelación existente entre todas las cosas de este mundo, sigue vigente en el interior de su espacio personal. Por ejemplo, el caótico chi reinante en un armario ropero abarrotado y en desorden se transmite al resto de la casa y puede provocar vibraciones negativas en todo el lugar. Y al contrario, el relajante y energético chi que genera una bonita marquesina resulta estimulante para toda la zona que se encuentra a su alrededor y puede producir en ella un vibrante efecto positivo. Y más aún, las características del chi que emana del armario ropero o de la marquesina están directamente relacionadas con el resto de nuestras vidas. Por ejemplo, si ese hipotético armario abarrotado de ropa colocada caóticamente estuviera en su casa, eso podría influir en su puntualidad y echar por tierra sus posibilidades de ascender en el trabajo, lo que podría llegar a ocasionarle dificultades económicas o problemas conyugales, e incluso afectar a su salud. Cosas que parecen triviales e insignificantes —una silla incómoda, una iluminación demasiado dura o una mesa de esquinas muy puntiagudas— pueden repercutir de forma decisiva en su chi vital si habitualmente entra en contacto con ellas. Por el contrario, si la bonita marquesina de la que hablábamos antes se encontrara en su lugar de trabajo, podría tener efectos positivos para su salud y ampliar el marco de sus relaciones, así como estimular su creatividad y aumentar sus beneficios económicos. Para bien o para mal, el chi le vincula con todo lo existente, haciendo que aquellas cosas que forman parte de su vida sean importantes.

Todo cambia

El chi inherente a todas las cosas cambia constantemente. El crecimiento y el movimiento producen cambios, signos dinámicos del chi vital. Si hay algo persistente en nuestro universo físico, es el cambio constante.

Allí donde miremos, podremos observar signos de cambio: las estaciones del año, el vecindario, nuestro cuerpo, nuestro estado de ánimo o nuestras emociones. Por consiguiente, nuestro entorno no sólo está vivo e interrelacionado con el espacio físico en el que esté ubicado, sino que además se halla sometido a constantes cambios. Junto con los cambios físicos evidentes que sufren las viviendas y oficinas con el paso del tiempo, también se observan los cambios experimentados por sus moradores.

Durante el ejercicio del Feng Shui, he podido comprobar que muchas personas, cuando vuelven a casa después de unas vacaciones, un congreso o un retiro temporal, o cuando están empaquetándolo todo para una mudanza, se dan cuenta de repente de que quieren cambiar o desechar ciertos objetos de su entorno. Los cambios que han experimentado sus vidas les proporcionan una renovada perspectiva, que actúa como si fuera un rayo láser que arrojara luz sobre cualquier objeto que haya dejado de ser útil o se haya agotado como fuente de energía para su casa o su despacho. Un mueble deteriorado o desgastado, una estantería abarrotada de libros, un árbol demasiado grande o un lienzo con el que se asocia una época infeliz empezarán de repente a «pedir a gritos» un cambio. Confiar en esa nueva perspectiva y poner en práctica los cambios cuya necesidad resulta obvia, equivale a abrir las puertas de su entorno a un chi nuevo, fresco y armonioso. Más aún, las personas que así lo hacen, están literalmente anclando los cambios positivos que hayan experimentado sus vidas de forma que su «nueva personalidad» se verá constantemente apoyada y alimentada por su nuevo entorno.

Es importante señalar que un entorno determinado puede hacer que una persona retroceda hasta el punto de volver a adoptar viejas pautas de conducta si no se realizan en su hogar o en su lugar de trabajo cambios capaces de reflejar la evolución que ha experimentado en su vida. El entorno actúa como un potentísimo imán o una inmensa ancla, manteniendo las viejas escalas de valores y las nuevas experiencias sólidamente aferradas. Imaginémonos por un instante a una mujer que se retira durante una semana a un centro de salud con la intención de aprender nuevas formas de cocinar y asimilar distintos hábitos de alimentación. Al volver a casa, se da cuenta de que necesita reformar la cocina si quiere que ésta se adapte realmente a su nueva forma de relacionarse con la comida. Si la deja tal y como estaba antes del cursillo, tendrá la tentación de volver a sus viejos hábitos de alimentación. Sin embargo, si realiza los cambios necesarios, éstos le servirán de anclaje y de soporte para sus nuevos conocimientos, y le resultará mucho más fácil seguir el programa que se había planteado.

Existe un proverbio chino que dice: «Si quieres que se produzcan cambios en tu vida, mueve 27 cosas en tu casa». De lo que se trata es de anclar o fijar su nueva forma de vida en su entorno modificándolo de forma que se adapte a la persona que es usted en ese momento y a la que pretende ser de ahora en adelante. El cambio es una parte integrante de la vida y puede ser utilizado en su provecho.

Además, también puede convertirse en un juego, en una placentera diversión. Muchas personas eligen un mobiliario que supuestamente les tiene que durar toda la vida, buscan piezas de arte a tono con él y con eso creen haber resuelto el problema para siempre. El Feng Shui les sugeriría que abrieran los ojos y empezaran a dejar que los distintos entornos en los que viven cambien, crezcan, se muevan y se transformen adaptándose a cada momento. Sea imaginativo, caprichoso, fantástico, extravagante... ¡Recuerde que igualmente todo cambiará!

Símbolo chino que representa el chi

Vivos, interrelacionados y dinámicos... El Feng Shui considera su hogar y su lugar de trabajo entidades vivas con las que usted se encuentra en armonía o con las que mantiene una relación discordante. Si usted respeta su condición de cuerpos animados, reconoce lo mucho que tienen que ver con la calidad de su propia vida y lleva a cabo los cambios necesarios para mantener esos entornos saludables y vigorosos, éstos se convertirán en lugares deliciosos, que nutrirán, protegerán y resultarán de gran ayuda para su crecimiento y su paso por la vida.

Deja de mirar con la mente
y observa con el espíritu vital.

CHUANG TSE

3

Cómo abrir los ojos
a la mirada del Feng Shui

En este inconmensurable, vivo, interrelacionado y dinámico «mar del chi», usted puede decidir en cada momento rodearse del chi específico que supone una ayuda y un aporte de energía para su vida. Probablemente habrá notado que no cualquier chi posee esas virtudes. Imagine que está almorzando en una estancia atestada, sin ventanas y en la que hace frío, sentado a una mesa llena de papeles amontonados y platos sucios, en una silla dura e incómoda. Ahora imagínese tomando el mismo almuerzo en una habitación cálida y espaciosa a través de cuyos ventanales goza de una bella vista, sentado en una cómoda silla a una mesa bien dispuesta, con una vela y un pequeño pomo de flores lleno de color. ¿Cuál de esas dos estancias posee el chi en el que usted preferiría pasar su tiempo?

La mayoría de las personas sentimos una gran apetencia por gozar del chi inherente a la belleza, la comodidad y la seguridad. Y sin embargo, muchos de nosotros nos vemos privados de él. Nuestra cultura está plagada de «renuncias» o de cosas a las que nos resignamos cotidianamente, como trabajar o vivir en entornos antiestéticos, incómodos e inseguros. Estoy convencida de que soportamos esas condiciones porque no nos damos cuenta de hasta qué punto influye negativamente en nosotros el entorno en que nos movemos. Creemos que nuestras vidas están divididas en compartimientos estancos, fraccionadas en partes distintas que no tienen por qué estar relacionadas entre sí.

El Feng Shui contempla la vida como un todo y no como la suma de diferentes partes. Todas las cosas están vivas, interrelacionadas y en constante movimiento. Su sensibilidad le advertirá de forma intuitiva que una oficina de techos bajos, iluminada con fluorescentes que emiten un zumbido constante y con un escritorio poco espacioso y pegado a una pared, repercutirá necesariamente en todos los aspectos de su vida.

¿Qué hacer en esos casos? El Feng Shui le aconseja poner en práctica todo lo que esté a su alcance para convertir ese espacio en una oficina con una zona de trabajo espaciosa frente a la puerta, con una iluminación adecuada y con una silla fantástica. Ese es el objetivo del Feng Shui: equilibrar y canalizar el chi para conseguir una armonía dinámica:

Pero el chi se expresa de innumerables formas a través de todo aquello que le rodea. Observe con atención cómo se manifiesta exactamente en su entorno, y de esa forma aprenderá a «leerlo», una de las cosas en las que necesitará adquirir cierta destreza si quiere trabajar con los principios del Feng Shui.

Yin y yang

El chi que nos sustenta, en cuyo fortalecimiento se concentra el Feng Shui, está siempre equilibrado entre dos extremos. Antiguamente se denominaba a esos dos extremos *yin y yang* (véase la lista de la pág. 43), a los que se asociaba toda una miríada de características y propiedades a cada uno de ellos. El yin está relacionado con cualidades o conceptos como lo femenino, posterior, oscuro, frío, suave, mojado, con la tierra y la luna entre otras cosas; mientras que el yang se asocia con lo masculino, frontal, luminoso, caliente, duro, seco, con el cielo y con el sol. La mayoría de las personas preferimos el «término medio», es decir, una combinación perfecta de las cualidades del yin y del yang.

Cuando la arquitectura y el diseño pretenden ser demasiado espectaculares u originales, pueden convertirse en la expresión pura de uno de los dos extremos, lo que resulta una pesadilla para el Feng Shui. Los ángulos agudos, las proporciones radicalizadas y las formas exageradamente llamativas pueden considerarse elementos de extraordinario valor artístico, pero difícilmente conformarán habitáculos acogedores para las personas. Cuanto más extremadamente yin o yang sean el diseño o la decoración de un espacio, menos adecuado resultará para que alguien viva o trabaje en él. Como ejemplo de una estancia extremadamente yin podemos describir una habitación oscura y cavernosa, con muebles de color negro, siempre en penumbra y de techo bajo. Sin embargo, una habitación muy yang sería bastante grande, de techo alto y con ventanales que dejaran entrar el sol a raudales: un espacio vital parco en mobiliario y cuyos escasos muebles y mesas se caracterizarían por ser muy angulosos. Para equilibrar una estancia extremadamente yin, deberemos incorporar elementos yang, como una iluminación más brillante y colores pastel, más cálidos. Y al contrario, para equilibrar una habitación demasiado yang, tendremos que añadir componentes yin, como muebles mullidos y tapizados, marcos de las ventanas redondeados y colores vivos de tonalidades oscuras. En el mismo momento en que las características del yin y el yang se combinan de la manera adecuada, surge espontáneamente un espacio confortable, «habitable», para las personas.

Por regla general, los seres humanos sentimos predilección por todo aquello que exprese o manifieste equilibrio entre el yin y el yang. De forma instintiva, procuraremos encontrarnos en lugares en los que las cosas «están en su punto» siempre que podemos. Cuando dedicamos nuestra energía a establecer cierto equilibrio y armonía en los entornos en los que nos movemos, nace lo que podríamos llamar una belleza favorable para las personas.

¿Pero qué pasa con su gusto personal? Puede que usted esté encantado y fascinado con sus techos de más de nueve metros de altura; o con su enorme habitación pintada de blanco o su despacho permanentemente inundado de sol, lo que evidenciaría una notable predilección por las típicas características yang, o bien experimente, por el contrario, una tremenda satisfacción con la posibilidad de disfrutar de un rincón o de un determinado escondrijo en el sótano, o en su estudio siempre en penumbra, en el que se siente resguardado del mundo exterior, como si se encontrara en el útero materno; o de su diminuto, dormitorio decorado con motivos florales. Si de usted dependiera, no cambiaría ni un solo detalle. En ese caso, sus preferencias se decantan claramente hacia las características determinantes del yin. Rodearse de las cosas que ama es una forma de expresar su particular chi personal. Por mucho que clasifique o etiquete su entorno como yin o yang, lo verdaderamente importante es respetar sus preferencias, su estilo y su parecer cuando está creando su paraíso personal. Y puesto que su meta fundamental es vivir rodeado de las cosas que le estimulan, el hecho de que el resultado final puede ser etiquetado de recargado, severo, rústico, decó, ecléctico o contemporáneo deja de tener importancia. Lo único que importa es que se trata de una gozosa expresión personal y exclusivamente suya.

Ejercicio:

Dedique un minuto a observar de qué forma se expresa el chi en la habitación en la que se encuentra ahora mismo. ¿Le gusta lo que ve; se siente completamente cómodo en ella? Utilice la lista yin/yang de la página 43 para determinar las características yin y yang contenidas en la habitación. Observe si domina el yin o el yang, o si por el contrario, existe una combinación de ambos más o menos equilibrada. De esta forma estará utilizando la mirada del Feng Shui, lo que le ayudará a precisar exactamente lo que necesita la estancia para convertirse en un espacio que le resulte verdaderamente confortable.

Si la habitación le gusta, habrá averiguado la proporción aproximada de elementos yin y yang que hace que usted personalmente se sienta cómodo, y podrá disponer las demás habitaciones de acuerdo con esa proporción.

LAS CARACTERÍSTICAS ASOCIADAS AL YIN Y AL YANG DESDE EL PUNTO DE VISTA DEL FENG SHUI

YIN

YANG

YIN	YANG
Femenino	Masculino
Fresco/Frío	Cálido/Caliente
Oscuro	Luminoso
Trasero	Frontal
Blando	Duro
Curvo	Recto
Redondeado	Anguloso
Tierra	Cielo
Luna	Sol
Bajo	Alto
Pequeño	Grande
Ornado	Sencillo
Amplio	Angosto
Horizontal	Vertical
Floral	Geométrico

Los cinco elementos aplicados al Feng Shui

Ahora que sus ojos se han abierto a la mirada del Feng Shui y ya saben cómo captar las manifestaciones del yin y el yang, examinaremos los cinco elementos y su forma de relacionarse con nuestro entorno. Esos cinco elementos son: madera, fuego, tierra, metal y agua, y están considerados las piezas esenciales con las que se construye físicamente todo aquello que existe sobre la Tierra. Como resultado de la interacción que se establece entre los dos polos representados por el yin y el yang, los cinco elementos se manifiestan a nuestro alrededor en innumerables formas y combinaciones. El Feng Shui considera que los seres humanos están compuestos por una combinación de los cinco elementos, y que por lo tanto se sienten especialmente cómodos cuando todos están de alguna manera presentes en sus hogares o lugares de trabajo. Aunque somos conscientes de que existe una infinidad de asociaciones elementales relacionadas con todos los aspectos de la vida, aquí nos centraremos en descripciones de los cinco elementos que se refieran específicamente a nuestros hogares y lugares de trabajo.

Cuando trabajamos con los cinco elementos, desarrollamos y utilizamos tres técnicas básicas:

1 Identificación de los elementos en un entorno determinado.
2 Valoración de la necesidad de añadir o modificar factores relativos a los elementos.
3 Dictamen de sugerencias y consejos específicos destinados a establecer el equilibrio necesario entre los elementos.

La capacidad de definir, valorar y equilibrar los cinco elementos revelará (a un observador experimentado) cuáles son exactamente los cambios necesarios para conseguir, en lo que a los elementos se refiere, un equilibrio perfecto en un entorno determinado Esa es una de las herramientas más poderosas con las que cuenta el Feng Shui para mostrarnos en qué punto debemos intervenir si queremos obtener resultados positivos. Cuando todavía no había aprendido a ver los elementos, era capaz de dictaminar si un determinado entorno carecía de equilibrio, pero no sabía decir exactamente por qué, y por supuesto, qué era lo que debía hacer al respecto. Ahora, son precisamente los elementos los que me dicen qué debo hacer para conseguir el equilibrio.

Cada uno de los cinco elementos está relacionado con un amplio espectro de factores (colores, formas y otras cualidades) que conforman un lenguaje que nos guía a la hora de observar y manejar su forma de manifestarse. Por otra parte, los distintos elementos se combinan e interrelacionan constantemente, como se describe en el apartado «Cómo se combinan los cinco elementos» de la página 48. El sistema más rápido y sencillo para aprender ese lenguaje es practicar intentando definir los elementos en su propio entorno. Al principio, observar cómo se manifiestan puede resultar un tanto extraño o extravagante para usted, pero si no deja de practicar, muy pronto será capaz de definir e identificar con la mayor soltura la presencia de los distintos elementos allí donde vaya.

Ejercicio:

Empiece por la estancia en la que se encuentra en este instante. Utilice la «Hoja de trabajo de los cinco elementos» de que dispone en la página siguiente y las listas relativas a los elementos que encontrará en las páginas 47 y 48. Observe con atención buscando específicamente lo siguiente:

1. **Los elementos reales propiamente dichos**: madera, fuego, tierra, metal y agua.

2. **Objetos fabricados con alguno de los cinco elementos**, como muebles de madera, que representarían ese elemento.

3. **Objetos que simbolicen alguno de los elementos**, como piedras, relacionadas con el elemento metal; o espejos, que representarían el elemento agua.

4. **Obras de arte que plasmen alguno de los elementos**, como cuadros de paisaje en los que aparezca representado el elemento madera, o esculturas de animales, representativas del elemento fuego.

5. **Objetos del color o la forma asociados a un determinado elemento**, como una silla roja, que significaría fuego, o una mesa cuadrada como símbolo del elemento tierra.

LOS CINCO ELEMENTOS

HOJA DE TRABAJO

Fecha:

Estancia:

Tierra:

Metal:

Agua:

Madera:

Fuego:

Combinaciones de elementos:

Sugerencias:

EL ELEMENTO MADERA se encuentra en:

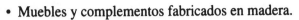

- Muebles y complementos fabricados en madera.
- Paneles, artesonados, ensamblajes o piezas machihembradas, techumbres y suelos de madera.
- Todas las plantas y flores, tanto interiores como exteriores, incluidas las flores secas, de seda o de plástico.
- Todo tipo de telas y tejidos confeccionados a partir de plantas, como el algodón o el rayón.
- Tapicerías, revestimientos para las paredes, cortinajes y mantelerías estampadas con motivos florales.
- Obras de arte que representen paisajes, jardines, plantas y flores.
- Todo lo que tenga forma de columna, similar al tronco de un árbol, como pilares, vigas, pedestales, perchas, trenzados, bandas o cualquier cosa de rayas.
- La gama completa de verdes y azules.

EL ELEMENTO FUEGO se encuentra en:

- Todo tipo de iluminación, ya sea esta eléctrica, de lámparas de aceite, velas, luz natural del sol o procedente del fuego del hogar (véase «Iluminación» en la página 203).
- Objetos hechos con materias animales, como pieles, cuero, hueso, plumas o lana.
- Animales de compañía y todo tipo de fauna.
- Obras de arte que representen a personas y/o animales.
- Obras de arte que plasmen el resplandor del sol, la luz o el fuego.
- Formas triangulares, piramidales o cónicas.
- La gama del rojo.

EL ELEMENTO TIERRA se encuentra en:

- Adobe, ladrillo y teja.
- Objetos de cerámica o de loza.

- Formas cuadradas y rectangulares, y superficies largas y llanas.
- La gama de colores terrosos y del amarillo.
- Obras de arte que representen paisajes desérticos, campos, etcétera.

EL ELEMENTO METAL se encuentra en:

- Todo tipo de metales, desde el acero inoxidable hasta el cobre, el latón, el hierro, la plata, el aluminio y el oro.
- Todas las rocas y piedras, como mármol, granito y laja.
- Cristales naturales, minerales y gemas.
- Obras de arte y esculturas de metal o piedra.
- La gama de colores luminosos, pastel y del blanco.
- Las formas circulares, ovaladas o en arco.

EL ELEMENTO AGUA se encuentra en:

- Arroyos, ríos, estanques, fuentes e instalaciones de agua de cualquier tipo (véase «Estructuras acuáticas» en la página 209).
- Superficies reflectantes, como cristal tallado, vidrio y espejos.
- Formas libres, sueltas y asimétricas.
- La gama del negro y los tonos oscuros, como el gris característico del carbón o el azul marino.

Cómo se combinan los cinco elementos

Resulta interesante tomar conciencia de la forma en que se combinan los elementos mediante la observación de los objetos que le rodean. Un buen ejemplo, clásico en la práctica del Feng Shui para mejorar el chi, de cómo conseguir que los cinco elementos puedan expresarse de forma conjunta y armoniosa, es un acuario. El agua por sí misma, junto con el recipiente de vidrio, representan el elemento agua; las plantas, el elemento madera; los peces simbolizan el elemento fuego; la arena, el elemento tierra, y las piedras y lajas el elemento metal. Piense en su paraíso natural soñado: probablemente caiga en la cuenta de que está compuesto de una mezcla armoniosa y equilibrada de los cinco elementos, ya sea en una isla, entre montañas o en lo más profundo de un denso bosque.

En su hogar y en el trabajo, usted cuenta con una infinidad de posibilidades diferentes de crear espacios que incluyan los cinco elementos. Piense en las incontables combinaciones de objetos, colores y formas asociadas con cada uno de los elementos. Por ejemplo, frente a un espejo (que representaría el elemento agua), puede colocar una planta exuberante (elemento madera) en un tiesto de terracota (como símbolos de los elementos fuego y tierra). Para incluir en el conjunto el elemento metal, puede añadir una piedra pulimentada o una pequeña escultura de bronce junto a la planta; así conseguirá reunir los cinco elementos en una sencilla composición.

Cómo se expresan los cinco elementos

Los elementos se mezclan en innumerables combinaciones para crear las diferentes formas físicas. Una de las maneras más sencillas de trabajar en su entorno con los cinco elementos es obsevar cuáles faltan —en una mesa, una habitación, una casa o una parcela de terreno—, e incorporarlos. Pero debe hacerlo con espíritu de armonía, utilizando objetos que estime o por los que sienta un gran aprecio. Como ya sabe, el más sencillo detalle puede contener una suma de diversos elementos. Pongamos por ejemplo una mesa de mi despacho. Al observar su composición en lo que a los cinco elementos se refiere, me doy cuenta de que la mesa es una combinación de tres de ellos. Es rectangular (tierra), negra (agua), y está decorada con pinturas florales (madera). Para incorporar los dos elementos restantes, he añadido una bandeja blanca y redonda (metal) y una lámpara (fuego). Mediante estos arreglos se han unido los cinco elementos armoniosamente, estimulando e intensificando el chi de la estancia.

Cuando trabaje con los cinco elementos, se ejercitará para aprender a ver las cosas de una manera completamente nueva. Tómese su tiempo y relájese mientras practica. Cabe la posibilidad de que llegue a disgregar los objetos, según se correspondan con uno u otro elemento, hasta el pun-

to de volverse loco. Evidentemente, no es ese el objetivo que se persigue
con estos ejercicios de observación. Lo único que necesita para alcanzar
el resultado que se espera de ellos —es decir, el equilibrio entre los cinco
elementos—, es llegar a poder definir de forma global la combinación de
elementos presente en un objeto o en un entorno determinados.

Ejercicio:

Eche un vistazo a su alrededor en el lugar donde se encuentre
ahora mismo y elija un mueble cualquiera: una mesa, un escritorio o un aparador. Descompóngalo y valórelo según los
elementos que contenga. Si carece de uno o más, decida cómo
puede añadirlos. Cuando haya conseguido reunir los cinco
elementos armoniosamente, intente sentir si realmente se ha
fortalecido y equilibrado el chi en el que está envuelto.

A continuación, defina la estancia en que se encuentra desde
el punto de vista de los elementos. Olvídese de la forma en
que habitualmente la ve, e incluso de lo que piensa de ella, de
si le gusta o no; limítese a elaborar una lista de los elementos
que le rodean en esa habitación. Una vez hecho esto, fíjese
bien en cuál es el elemento dominante. Tome nota asimismo
del elemento o los elementos que faltan, y de cómo puede incorporarlos en ese espacio.

Los ciclos de alimentación y control de los cinco elementos

En el ciclo de alimentación de los cinco elementos (véase gráfico en la
página 52), cada uno alimenta y mantiene a otro en perfecta armonía:

- El agua nutre a la madera,
- la madera alimenta el fuego,
- el fuego produce tierra,
- la tierra crea metal, y...
- el metal contiene el agua.

El ciclo de alimentación nos muestra cómo los elementos se fortalecen y alimentan recíprocamente en una rueda regenerativa sin fin. Cuando los cinco elementos están presentes en un entorno determinado, se consigue automáticamente un equilibrio natural.

En el ciclo de control, vemos cómo los elementos pueden dominar y controlar el uno al otro:

- La madera consume tierra,
- la tierra estanca el agua,
- el agua extingue el fuego,
- el fuego funde el metal, y...
- el metal corta la madera.

No olvide que el ciclo de control de los elementos no significa en modo alguno que se produzca un influjo negativo entre ellos. Por el contrario, puede ser una de las formas más atractivas de conseguir la armonía perfecta entre los distintos elementos, y está presente en muchos de los lugares que consideramos los más bellos.

Imagine que está atravesando un desierto a pie, arena y más arena. Pero de repente, a lo lejos, divisa por un instante en la línea del horizonte un grupo de árboles añosos y encumbrados, con sus frondosas ramas elevándose hacia el cielo. Eso sería madera (los árboles) «consumiendo» tierra (el desierto). Ahora imagínese que durante una excursión está atravesando un profundo bosque, un paisaje en el que se halla rodeado de madera, de innumerables plantas y árboles. De pronto, en un recodo, se tropieza entre los árboles con un grupo de grandes piedras, con manchas de color producidas por el liquen y veteadas por incontables estrías. En este caso nos encontraríamos ante metal (las rocas) «cortando» madera (los árboles). O bien, piense que está contemplando la inmensidad azul del océano y divisa una isla de arena dorada rielando en la distancia. Eso sería tierra (la isla) «estancando» agua (el océano). La naturaleza nos ofrece constantemente innumerables ejemplos de cómo el ciclo de control de los elementos puede crear equilibrio y belleza.

Resulta muy útil ser consciente de ambos ciclos, tanto del de la alimentación como del de control de los cinco elementos, a la hora de restablecer el chi de un entorno determinado desde el punto de vista del equi-

LOS CINCO ELEMENTOS

INTERRELACIONES DE CONTROL Y ALIMENTACIÓN

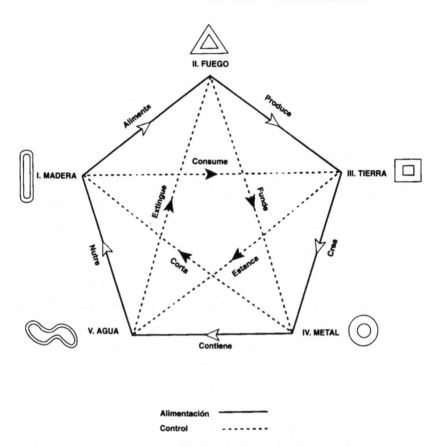

librio existente entre los elementos. Cuando uno de los elementos predomina sobre los demás, el ciclo de control le indicará qué otro elemento debe introducir para conseguir inmediatamente el equilibrio. Una vez que haya compensado el elemento dominante con el complementario que lo controla, puede utilizar el ciclo de alimentación para perfeccionar hasta en los detalles más sutiles el equilibrio básico que ya había obtenido.

Muchas de las viviendas en las que he trabajado, incluida la mía, están dominadas por el elemento madera; así pues, tomaré mi propio hogar como ejemplo. Mi casa está cubierta por tablones de madera, tiene un porche frontal con el suelo también de madera y se halla rodeada de jardines y árboles. En el interior, las paredes están empapeladas con motivos florales, y hay un montón de armarios empotrados y detalles decorativos de madera. ¡Madera, madera y más madera!

Cuando nos trasladamos a vivir allí, supe de inmediato que no necesitaríamos plantas de interior ni un suelo revestido de roble, elementos ambos asociados con la madera, sino bastantes cosas de metal —el elemento que controla la madera— para conseguir que la casa estuviera equilibrada desde el punto de vista de los elementos. Compramos sofás de color crema con brazos y respaldos redondeados, ropa de cama de colores pastel para la habitación y tapices y alfombras también de color crema, todo ello bajo el dominio del elemento metal. Contábamos con un buen surtido de lámparas de bronce y de rocas minerales —ambas cosas representativas del elemento metal— que distribuimos por la casa. También reemplacé los azulejos con motivos florales que cubrían la amplia mesa de café por una simple pieza de mármol blanco, para incorporar así tanto el color como la piedra asociados al elemento metal. Para reforzar aún más la presencia del metal, me aseguré de realzar el elemento tierra, que alimenta al metal. Eso lo hice colocando una gran vela de color amarillo dorado en la mesilla del café; un toque de luz me permitió introducir además el elemento fuego y puesto que la madera alimenta el fuego, aquella vela me ayudó simbólicamente a «quemar» la superabundancia de madera que había en la casa.

La chimenea de ladrillo representa a la vez el fuego y la tierra. Durante los meses de verano, cuando no se utiliza, la convierto en un pequeño jardín de interior, para lo que empleo arena (tierra) y cantos rodados de colores claros (metal). Con la única excepción del gran espejo que coloqué sobre la chimenea, procuré no introducir en exceso el elemento agua, ya que en el ciclo de alimentación, el agua nutre a la madera, y dado que el entorno estaba dominado por ese elemento, hubiera sido un error poner sofás, revestimientos o alfombras de colores oscuros, debido a su asociación con el agua. Un uso excesivo de espejos, vidrio y cristal habría representado un problema por la misma razón.

Cuando trabaje con el ciclo de control de los elementos, recuerde los siguientes puntos básicos:

- Si el elemento dominante es la madera, introduzca el que lo controla, el metal, y refuércelo con tierra y fuego. No utilice en exceso el elemento agua.

- Si el elemento dominante es el fuego, introduzca el de control agua, reforzándolo con metal y tierra. No se exceda en el uso del elemento madera.

- Si el elemento dominante es la tierra, introduzca el que lo controla, la madera, y refuércelo con metal y agua. No use excesivamente el fuego.

- Cuando domine el elemento metal, introduzca el de control fuego, reforzándolo con agua y madera. No utilice demasiada tierra.

- Si el elemento dominante es el agua, introduzca el que lo controla, la tierra, y refuércelo con madera y fuego. No se exceda en el uso del elemento metal.

Ejercicio:

A continuación, le propongo un interesante experimento que puede intentar poner en práctica. En primer lugar describiré el ejercicio, y después pondré un ejemplo.

Elija una estancia de su casa u oficina en la que domine claramente uno de los cinco elementos y compruebe, primero, cuál de ellos ALIMENTA al que domina, y después, cuál lo CONTROLA; para ello consulte la tabla del ciclo de control. Una vez que haya hecho esto, busque un objeto que represente el elemento de alimentación y colóquelo en un lugar destacado de la estancia. Preste atención al efecto que produce sobre el chi. Seguidamente retírelo y sustitúyalo por algo que represente el elemento de control, situándolo también en un lugar destacado de la habitación. Preste atención a los cambios que se producen en el chi.

Tomaré como ejemplo mi sala de estar, en la que el elemento dominante es la madera. Para intensificar la presencia del elemento agua, que alimenta a la madera, cubro los sofás con telas de color oscuro, y noto que el chi de la estancia se vuelve «pantanoso» y desagradable con todo ese color acuoso alimentando la ya dominante madera.

A continuación, retiro los cobertores de los sofás, cuyo color crema claro representa el metal, y observo la diferencia. El chi cenagoso desaparece, y una sensación de comodidad y equilibrio invade la estancia. Luego añado los refuerzos de la tierra y el fuego para fortalecer aún más el equilibrio entre los elementos.

Este experimento sirve realmente para abrir los ojos a la mirada del Feng Shui. La mayoría de las personas se quedan impresionadas al darse cuenta de la gran diferencia positiva que pueden conseguir en un entorno equilibrando simplemente el elemento dominante con su correspondiente controlador y añadiendo después refuerzos de los demás. Digamos que es la alquimia del Feng Shui. Combine los cinco elementos de forma correcta, y tendrá un entorno de oro.

Ama a tu vecino como a ti mismo,
pero elige tu vecindario.

LOUISE BEAL

4

Ubicación, ubicación, ubicación

El título de este capítulo es una popular frase utilizada por los agentes inmobiliarios cuando explican por qué una determinada propiedad cuesta lo que cuesta. La localización o la ubicación lo es todo en su mundo, así como también en el mundo del Feng Shui. Algunas ubicaciones son propicias por naturaleza: poseen las características adecuadas en todos sus puntos. Pero la mayoría presentan algunos aspectos que dejan mucho que desear y que necesitan ser equilibrados.

El Feng Shui también tiene en cuenta la ubicación de detalles concretos, como las puertas, ventanas, esquinas, vigas, calles y edificios colindantes. Todos y cada uno de esos detalles ejerce un efecto determinado en su hogar o lugar de trabajo... , un efecto que usted quiere estar seguro de que sea favorable para el ser humano.

Estoy convencida de que son muy pocos los casos en los que no se puede encontrar soluciones. Si su propósito es vivir en un entorno equilibrado y aplica los principios del Feng Shui para conseguirlo, puede tratar con éxito todos los deterioros y dolencias ambientales. Los entornos responden a la forma en que las personas cuidan de ellos, con más o menos cariño. Cualquier mejora del chi, por pequeña que sea, ayuda a traer los cambios necesarios para que usted viva en una estructura más equilibrada.

Hogar, dulce hogar

Sabemos que las ubicaciones ideales para establecer una vivienda son aquellas que se encuentran entre las cumbres montañosas y las llanuras bien irrigadas, rodeadas de armoniosas representaciones de los cinco elementos. Cuando trabajamos con lugares que no poseen estas características, nos preguntamos en cómo convertirlos en la ubicación ideal. Usted puede crear la forma ideal de «butaca» alrededor de su hogar plantando setos y árboles, construyendo márgenes o erigiendo una cerca en la parte trasera y a los lados de la propiedad. Puede introducir el elemento agua en la parte delantera de su propiedad instalando allí una fuente o cualquier otro tipo de instalación de agua, o bien creando un sendero serpenteado que le haga pensar en el fluir de una corriente. Puede «ponerse cómodo», personalizar según sus gustos los alrededores de su hogar y realzar el chi agregando arriates llenos de flores, huertos, patios, puentes, grutas y jardines ornamentales. Acentúe el efecto con muros de piedra, cantos rodados y flores blancas para incorporar el elemento metal. Añada estatuas que representen animales o personas y plante flores de color rojo intenso para reforzar el elemento fuego, y doradas y amarillas para fortalecer el elemento tierra. ¡Las posibilidades son infinitas!

Si vive usted en un edificio de pisos y por lo tanto no tiene jardín, o éste rodea su vivienda pero no puede ser modificado por alguna razón, aplique los mismos principios en el interior de la casa. Meta la naturaleza dentro de su hogar. Cuanto más urbano sea el entorno, más importante resultará contar en su morada con los cinco elementos en su estado natural. Ponga plantas, flores, minerales, conchas, pieles, lana, velas y agua. Una pequeña instalación de agua en el recibidor de un piso o apartamento simbolizará el fluir de este elemento a la entrada de la propiedad, y proporcionará armoniosos sonidos que silenciarán los ruidos de la ciudad. Las plantas grandes simbolizan un bosque protector que resguarda la parte trasera de la casa, mientras que las cortinas de las ventanas la protegen por los lados.

Las calles en las que vivimos

Desde el punto de vista del Feng Shui, las calles son consideradas «cauces fluviales» que canalizan el chi a diferentes velocidades, desde los ríos de aguas embravecidas que serían las autopistas, pasando por los serpenteados arroyos llenos de meandros de las carreteras comarcales, hasta las fluctuantes aguas pantanosas de los cruces urbanos.

En muchos países occidentales, gran parte de la población vive abocada a verdaderos ríos embravecidos: cinturones, carreteras nacionales y otras vías urbanas de intenso tráfico, o muy cerca de ellos. Las grandes vías urbanas albergan un movimiento que es demasiado rápido para alimentar de energía a los edificios, el terreno y a las personas que se encuentran junto a ellas. Además de la evidente influencia que esas ubicaciones pueden ejercer sobre la salud de las personas, el chi violento también puede irrumpir en sus propiedades, «erosionando» y arrastrando con él el chi beneficioso.

Cuanto más grandes sean esas ajetreadas calles y más cerca estén de su casa, más elementos generadores y vigorizantes del chi necesitará para alcanzar un equilibrio saludable. (En el capítulo referente a las herramientas básicas del Feng Shui, en la página 199, encontrára algunas sugerencias). Por ejemplo, las plantas limpian el aire de toxinas, y pueden proporcionarle una pantalla visual si cultiva un bosque urbano entre su vivienda y una autopista o guarnece con macetas el balcón de su apartamento. Para obtener una pantalla auditiva que amortigüe el ruido del tráfico puede utilizar estructuras en las que corra el agua u objetos que produzcan sonidos armoniosos, lo que además creará una zona de chi favorable. Paredes, verjas y parapetos constituyen el primer paso, pero necesitarán ser reforzados con elementos vivos o en movimiento capaces de renovar constantemente el chi.

Los callejones sin salida y los cruces en forma de «T» constituyen también un desafío que hay que superar. Si contemplamos este tipo de estructuras urbanas como vías fluviales, en seguida advertimos que la calle se acaba; pero que el chi continúa sin desviar su trayectoria como si se tratara de una ola gigantesca, introduciéndose en cualquier vivienda que se interponga en su camino. Esto resultaría positivo si las gigantescas oleadas de chi que impactan contra la casa fueran favorables para nosotros o nos llenaran de energía. Sin embargo, para la mayoría de la gente, el impacto es demasiado fuerte como para ser saludable. Por lo tanto, si quiere amortiguarlo, instale por ejemplo frente a la casa una barrera protectora que la separe de la calle: un seto, una valla de madera o cualquier otra estructura que recuerde a la naturaleza. Esta barrera nos procurará la necesaria protección contra la violenta embestida del chi que se abalanza desde la calle, al tiempo que proporcionará a la casa una cantidad adicional de chi positivo.

Por regla general, si considera las calles vías fluviales o torrentes, puede determinar cuándo su chi es favorable para el ser humano y cuándo no lo es. Como siempre, cuanta más envergadura tenga una estructura —en este caso, calles y carreteras—, más justificada está la necesidad de equilibrarla para conseguir armonía y comodidad.

Nuestras ventanas y puertas

Es evidente que el chi fluye dentro y fuera de nuestros edificios a través de sus ventanas y puertas. Pero para «ver» el camino primario que recorre, basta con que miremos al interior desde la puerta principal. Las ventanas y/o puertas que alcancemos a ver desde ese lugar estratégico constituirán el camino primario del chi. Esta regla también vale para cualquiera de las habitaciones de su casa. Sitúese en la puerta de entrada y desde allí mire a través de las ventanas y de otras puertas que pueda haber, y descubrirá el camino primario del chi.

Como siempre, lo que buscamos es un flujo amistoso y dócil entre puerta y ventana. Pero cuanto más grandes sean cualquiera de esos dos elementos, más posibilidades habrá de que el chi circule demasiado rápido como para alimentar el área que cruza en su camino a través de ellos. Por ejemplo, imagine que entra en una oficina en la que ambos lados de la estancia están cerrados por inmensas ventanas del suelo al techo. La vista es tan impresionante que «aturde», y probablemente le induzca a cruzar rápidamente la estancia, ya que usted, junto con cada partícula de chi que pasa por esa puerta, están siendo atraídos y empujados fuera de la habitación por esos paneles de cristal. Por bellos que puedan ser, resultan problemáticos cuando se trata de retener el chi en la estancia algo más que unos pocos segundos. Las personas que pueblen esa oficina experimentarán con toda probabilidad la merma del chi, sintiéndose sobrecargadas de trabajo o sufriendo altos niveles de estrés, sujetos a una implacable y frenética actividad sin contar con mucho apoyo. El exceso de yang «las está matando», por decirlo de algún modo. Esto sería un claro ejemplo de estructura arquitectónica excesivamente yang que necesita ser equilibrada con influencias yin, de forma que el chi que entre por la puerta tenga alguna oportunidad de vagar por la estancia, alimentándola, antes de volver a salir de ella. Para conseguir cierta armonía y equilibrar las expresiones yin y yang del chi, habrá que disponer de las suaves curvas de unas cortinas, de las líneas horizontales de unos armarios bajos colocados frente a las ventanas, o de un arreglo ornamental elaborado con plantas y esculturas en un rincón.

Por otra parte, si una habitación carece de ventanas que puedan crear un camino para el chi, esta puede parecer desprovista de él o con un chi inactivo. Muchos cuartos de baño y oficinas se construyen de esta forma. Por lo tanto, cualquier influencia yang, como por ejemplo espejos grandes que den sensación de más espacio, y montones de elementos fortalecedores del chi: flores, colores brillantes, luces y objetos naturales, podrán ayudar a atraer una mayor cantidad de chi hacia la estancia.

Siempre que una puerta o una ventana se encuentren enfrentadas a otra puerta o ventana, el chi tenderá a cruzar con excesiva rapidez el espacio que las separa. Si al abrir la puerta principal de su casa alcanza a ver directamente frente a usted la puerta trasera o una ventana en la parte posterior de la vivienda, lo que está viendo es un camino para el chi que probablemente éste recorra demasiado aprisa como para poder alimentar su entorno. Siempre que sea posible, coloque en ese camino algo —un biombo, muebles, plantas u obras de arte— que reduzca la velocidad del chi y lo guíe hacia otras zonas de la casa. Lo mismo sucede con nuestro sistema digestivo; para estar bien alimentados por el chi a nuestro alrededor, es preciso que el chi de nuestro entorno no fluya ni demasiado deprisa ni demasiado despacio, sino a la velocidad justa.

Las puertas y ventanas de otras personas

A todos nos gusta gozar de intimidad, una de las necesidades que el Feng Shui considera prioritarias, pues la falta de ella tiene sin duda efectos negativos. Los entornos en los que nos desenvolvemos, tanto en la vida privada como en el trabajo, constituyen nuestros dominios personales, y si queremos sentirnos en ellos como en nuestros paraísos particulares, necesitamos intimidad. Pero muchas de las viviendas urbanas y suburbanas se construyen unas tan cerca de las otras, que desde todas las ventanas y puertas alcanzamos a ver las ventanas y puertas de otros edificios. Por eso un punto importante que hay que tener en cuenta a la hora de establecer la ubicación ideal, es agudizar el ingenio para conseguir intimidad en nuestra residencia, y a menudo también en las zonas específicas en las que desarrollamos nuestro trabajo.

La relación que establezcamos con nuestros vecinos, ya vivan en el cubículo contiguo o en la casa de al lado, será mucho más armoniosa si no nos sentimos observados día y noche. He visitado la casa de muchas personas que estaban esperando que crecieran los árboles para poder gozar de cierta intimidad. En estos casos, las relaciones con los vecinos suelen ser tensas, ya que todos se sienten demasiado cerca como para estar cómodos, y como ya sabemos, el chi que fluye en nuestro vecindario no deja de afectar ni un instante a nuestra salud y felicidad. Por lo tanto, lo mejor es cultivar una relación cordial con nuestros vecinos, asegurándonos de que lo que se puede observar desde sus ventanas y puertas se mantiene dentro de los límites adecuados, es decir, fuera de nuestros dominios privados.

La forma más obvia de conseguir intimidad es instalando cortinas, sobre todo en las ventanas y puertas que tienen otras ventanas y puertas «mirando». Cuando una ventana o puerta del vecindario invada su intimidad de una forma demasiado evidente, como sería el caso, por ejemplo, de la puerta principal de otra casa situada frente por frente a la suya, puede colgar en el exterior un pequeño espejo dirigido hacia la puerta que le resulta ofensiva, de forma que el chi invasor se vea reflejado de vuelta a su lugar de origen. Otro truco para conseguir intimidad es colocar plantas en el lugar y a la altura adecuadas, o bien instalar biombos, separaderos o algún que otro objeto artístico dispuesto estratégicamente. Lo importante

es que no tenga la sensación de que cualquiera pued<
volviendo la mirada hacia donde usted se encuentra.

Oficinas y lugares de trabajo

El aislado y pequeño «vientre del dragón» —una ubicación segura, a salvo de los peligros del mundo— no es necesariamente la localización ideal para un negocio. En este caso preferimos el «ojo» del dragón, sobresaliendo en la parte frontal, claro y bien enfocado hacia sus objetivos, listo para llevar las riendas del espectáculo. De todos es sabido que a la hora de elegir un lugar para un negocio, una ubicación destacada y una buena publicidad son dos componentes esenciales para alcanzar el éxito. Aún así, continúa habiendo muchos negocios que acaban en la «cola» del dragón, por decirlo de algún modo. Cuanto menos a la vista del público esté su negocio, más necesario le será reforzar y potenciar el chi para poder llevarlo a su manera.

Las herramientas básicas del Feng Shui (véase página 199) se pueden utilizar con el mismo ingenio en los negocios que en las viviendas. Cuando se trata de atraer clientes, no subestime el poder de las banderas espectaculares; los anuncios; las fuentes de sonidos agradables, como campanas, música o agua; y las muestras llenas de color de los productos que pone a la venta ondeando bajo la brisa. He podido comprobar que los anuncios que exhiben los brillantes colores del comercio, sus símbolos y/o sus logos, captan la atención del paseante con una fuerza especial, y crean un ambiente festivo de gran atractivo para los potenciales clientes. Estos recursos actúan como si fueran gigantescas y amistosas manos que hicieran señas a los transeúntes diciéndoles que si entran pasarán un buen rato. Los juegos de campanas tubulares, las campanillas de todo tipo y la música son otras alternativas para llegar a la gente que pasa frente a su negocio. «Tender la mano» fuera de lo que es estrictamente su negocio, atrayendo público mediante el colorido, el movimiento y el propio instinto o talento, resulta especialmente importante cuando se trata de equilibrar el chi de una ubicación que queda medio escondida, en un segundo plano o por lo menos que no se encuentra en un lugar destacado.

Este era el caso de un comerciante de flores al por mayor que también vendía directamente al público. Su almacén estaba ubicado de tal forma que la entrada no era visible desde la calle, y ciertas restricciones municipales sobre aquella zona le prohibían la instalación de carteles anunciadores demasiado grandes. Sin embargo, enseguida me di cuenta de que aplicando los principios del Feng Shui, aquel negocio podría «alargar la mano» y atraer a la gente, de un forma muy pintoresca y creativa. Así pues, apenas estuvo pintada a todo lo largo de la pared lateral una vistosa guirnalda de flores de brillantes colores, los clientes se sintieron atraídos por ese festón que les guiaba, dando la vuelta al edificio, hasta la puerta de entrada de la floristería.

Sugerí también que se cambiara de lugar la caja registradora para fortalecer el chi relacionado con la riqueza y la prosperidad (véase el mapa bagua de la página 97), y que se redistribuyeran los mostradores para favorecer un movimiento más fluido de los clientes; asimismo, elegí un lugar destacado para colocar un auténtico despliegue de jarrones en los que se exhibía un inventario completo de las flores que se ofrecían para la venta al por menor y añadir interés a la tienda. La atractiva guirnalda de flores y los principios del Feng Shui que equilibraron y reforzaron la personalidad en el interior del local dieron resultado. Los clientes empezaron a entrar a raudales, para comprar ramos de flores frescas, así como todo tipo de productos para cultivarlas, mientras el dueño del almacén no daba crédito a lo que veía con la repentina prosperidad de su negocio.

Pero las tiendas que están situadas en zonas céntricas también deben atraer a sus clientes realzando el chi del interior. El secreto está en que cuando los transeúntes pasen por delante y echen una mirada al interior, vean allí algo que les llame la atención de tal manera que no puedan resistirse a entrar. Esto es lo que hizo una importante firma dedicada a la óptica, cuando me pidió asesoramiento desde el punto de vista del Feng Shui para su proyecto de remodelación. Les sugerí que colocaran una pancarta de brillantes colores a todo lo largo de la pared del fondo con el nombre de la empresa. En cuanto los posible clientes echaban una mirada casual al interior del local mientras paseaban ante él, todos se sentían arrastrados a entrar, atraídos por la festiva banda que les llamaba desde la pared del fondo.

He trabajado con muchas tiendas y negocios que cometen siempre el mismo error: cubrir prácticamente por completo los escaparates con un batiburrillo de emblemas, información y fotografías de productos y servicios, de forma que resulta imposible ver qué hay en el interior. Esto es muy habitual en negocios más o menos modestos, como los que ofertan servicios médicos, alimentos sanos y sofisticados y artículos especializados. Ante un escaparate de este tipo, la mayoría de las personas en lugar de sentirse atraídas por algo maravilloso que podrían ver dentro de la tienda, reaccionan de una de las dos maneras siguientes: O bien se detienen para examinar la información del escaparate, encuentran lo que necesitaban saber y siguen su camino, o bien dan media vuelta, abrumados por esa avalancha de información visual que se les viene encima y (aunque en este caso con mayor premura) continúan a su vez su camino. Por mucho que los propietarios crean estar ofreciendo un buen servicio pegando en sus escaparates recortes de información y noticias interesantes, en realidad se están haciendo un flaco favor tanto a sí mismos como a sus potenciales clientes.

Recientemente trabajé con un gabinete médico que estaba muy bien situado. Al acercarme a la entrada principal, conté catorce servicios distintos que se ofrecían en el escaparate. Allí había material de lectura suficiente como para tener a una persona ocupada por lo menos durante quince minutos. Les sugerí que despejaran sus escaparates sacándolo todo de allí, con la única excepción de un aviso que estableciera claramente sus horarios. Esta modificación permitió que la sala de espera, que naturalmente redecoramos de forma que resultara cómoda e invitadora, fuera visible desde el exterior. Instalamos en una de las paredes un tablón de anuncios que proporcionaba a los pacientes algo que leer mientras esperaban, y que visto desde el exterior, también constituía un atractivo punto de interés. Una vez realizados estos cambios, la recepcionista notó que entraba más gente preguntando por los servicios que ofrecían o con la intención de pedir una cita con el médico.

Si posee usted un negocio, fíjese atentamente en su ubicación. Si está apartado de los lugares más transitados por la razón que sea, necesita hacer algo en el exterior para atraer clientes. Si por el contrario se encuentra en una localización céntrica, concéntrese en arrastrar a sus clientes hasta el fondo de la tienda poniendo algo especial en su interior. La gente le agradecerá que haga estos cambios proporcionándole pingües beneficios.

Una vez en el interior de un establecimiento, pueden entrar en juego muchos de los principios del Feng Shui que se describen a lo largo de este libro. La forma ideal de disponer el mobiliario, donde se exponen los artículos que se ofrecen y los mostradores, es reduciendo al máximo el número de esquinas que apunten con sus agudos cantos hacia clientes o empleados. También es importante crear amplios pasillos por los que se pueda vagar entre la mercancía. Los cinco elementos deben estar representados en perfecto equilibrio, creando un entorno que induzca a la gente a entrar y a gastar su dinero allí. Las zonas bagua (ver mapa bagua en la página 97) del negocio deben estar dispuestas de manera que favorezcan a su propietario. La caja registradora situada en un lugar propicio, normalmente en la zona de abundancia de la tienda o en la de abundancia del mostrador de ventas. Las áreas bagua de las que se carezca se pueden compensar con espejos u otras herramientas del Feng Shui; y por último, techos, vigas y escaleras deben estar equilibradas de forma que se consiga la perseguida armonía en el entorno, con lo que se estimularán las ventas, la satisfacción del cliente y el negocio en general.

Haz lo que puedas,
con lo que tengas,
allí donde estés.

THEODORE ROOSEVELT

5

Cómo equilibrar
las características estructurales

El chi que nos alimenta está equilibrado entre puntos extremos. En un entorno armonioso, entra serpenteando, fluye deambulando por su interior, exultante y refrescante como la brisa primaveral, y vuelve a salir tal y como ha entrado. Con nuestros ojos Feng Shui bien abiertos, asumiremos ahora la tarea de suavizar todos los bordes demasiado ásperos que podrían mermar o incluso impedir que esa alimentación llegara a producirse.

Queremos acometer esta tarea debido a la insidiosa naturaleza del chi hostil que fluye en nuestros entornos. Podemos permanecer durante una hora en un ambiente desequilibrado, quiza durante un día o hasta una semana entera y mantener nuestro equilibrio interno. Pero si vivimos o trabajamos en él día tras día, mes tras mes, empezará a consumirnos también a nosotros, como lo hace una pequeña cantidad de agua que no deja de gotear sobre una roca.

Para ilustrar este dilema contamos con una anécdota ya clásica: se trata de la historia de un hombre que cada día para llegar a la puerta de su casa tiene que agacharse y pasar bajo una rama demasiado crecida. Como nunca la desbasta día tras día sigue sorteándola del mismo modo hasta que al final empieza a adoptar una postura encorvada vaya donde vaya. De este modo, el hecho de no cortar una simple rama ha cambiado la manera de andar de ese hombre, lo que a su vez le llevará a padecer enfermedades, a perder el trabajo y a empezar a tener problemas económicos.

Pero eso no es todo, el vecino de nuestro hombre se acerca un día a su puerta con un manojo de hortalizas recién cogidas de su huerto, y como la rama le dificulta el acceso, en vez de dejar el cesto en el suelo y agacharse para pasar, decide dar media vuelta y llevar su presente a alguna otra persona. Y lo que es peor, el vecino se va de allí con la sensación de que aquel hombre no es muy amistoso, ya que de lo contrario, ¿por qué iba a dejar crecer aquella rama justo delante de su puerta? Entonces decide no volver a visitarle. Después, durante algunos días, le explica a todo el mundo lo que le ha ocurrido, y a medida que la anécdota va pasando de boca en boca se va exagerando con detalles adicionales; al final, los demás vecinos llegan a la conclusión de que aquel hombre es un estorbo para el vecindario por lo descuidada que tiene su propiedad y su conducta poco sociable. La compleja repercusión que sobre la vida de este hombre ha tenido un detalle aparentemente tan insignificante, se evidencia en que se ha convertido de hecho en un asunto grave.

Es habitual que la gente haga juicios precipitados de los demás a partir de una primera impresión. Aquella rama bastó para cambiar la decisión de su vecino de ofrecerle un presente a nuestro hombre, y para que se fuera de allí habiéndose formado una opinión negativa que luego comunicó y compartió con otras personas. Si aplicamos esta historia al ámbito de cómo clientes, compradores o cualquier otro tipo de personas que nos pueden ayudar se sienten al ponerse en contacto con el entorno de nuestro hogar o lugar de trabajo, comprenderemos hasta qué punto es importante desplegar el felpudo de bienvenida y despejar el camino.

Las bocas del chi: los umbrales

¿Cuántos umbrales cruzamos a lo largo del día? Cada uno de ellos puede ser considerado una «boca» a través de la cual, como si se tratara de la respiración, entra y sale el chi. Desde el punto de vista del Feng Shui, la entrada principal de la casa es la mayor y más importante de todas. Representa nuestra relación con la sociedad y tiene la función de recibir y dirigir al interior de un edificio el chi vital y positivo, en forma de energía, personas y oportunidades. Un sendero bien marcado y visible que lleve directamente de la calle o la acera hasta la puerta de entrada ayudará a distinguir su importancia y a canalizar el chi vigorizante hacia ella.

Lo ideal es que los umbrales estén libres de cualquier estorbo que impida abrir la puerta por completo. Después de todo, lo que pretendemos es invitar a entrar a la mayor cantidad posible de chi vigorizante, y sin duda queremos que nuestros invitados se sientan bienvenidos y cómodos cuando atraviesen nuestro umbral. He visitado muchas casas y oficinas en las que hay algún objeto detrás de las puertas que impide que se puedan abrir del todo. Ese obstáculo reduce el flujo de chi, y además provoca una reacción de enojo e irritación cada vez que alguien intenta abrir la puerta. Cuando las puertas pueden abrirse por completo sin encontrar obstáculos que lo impidan, las personas que las utilizan también abren sus vidas por completo a prometedoras oportunidades, recursos y circunstancias. El camino que permite que sucedan cosas positivas está despejado. No hay que olvidar que los umbrales deben mantenerse asimismo libres de enchufes, cables eléctricos, juguetes o cualquier otro objeto que suscite la sensación de que hay que ser precavido. Estas «trampas» afectan negativamente al chi, pueden ser peligrosas y resultar inquietantes tanto para quienes residen allí como para los que vengan de visita.

La meta es conseguir que los umbrales actúen como una especie de mayordomo que le conduzca de un espacio confortable a otro igualmente acogedor. Si al cruzar una puerta se «da de narices» con una pared, probablemente esa pared se encuentre demasiado próxima como para hacerle sentir cómodo. En la práctica, habría que exigir una distancia mínima de casi dos metros entre una puerta y una pared, y aún eso sería insuficiente para muchas personas. En este sentido, los espejos son la solución perfecta para contrarrestar la sensación de agobio que produce una pared demasiado cercana a una puerta. Otra buena alternativa sería colocar una pintura realista que represente, por ejemplo, un paisaje o una marina.

Las paredes que se ven en parte al entrar en una habitación son igualmente abrumadoras. La sensación es la de tener una pared demasiado cerca por un lado del campo visual y una amplia visión del interior de la estancia por el otro. Esta disposición es más habitual en vestíbulos y en dormitorios, y puede resultar desconcertante para el cerebro y el sistema nervioso. Para solventar este problema, aplique la misma solución que ya hemos propuesto para los casos en que las paredes estén demasiado cerca unas de otras: un espejo (lo bastante grande como para reflejar por lo menos su cabeza entera), o una pintura realista.

Ejercicio

> Coloque cualquier cosa detrás de la puerta principal de su casa, de forma que bloquee parcialmente su apertura, y a continuación entre y salga varias veces. Tome conciencia de cómo se siente cuando no puede abrir la puerta del todo. Ahora retire el obstáculo para dejar el camino completamente libre de estorbos y vuelva a entrar y salir varias veces. Observe la diferencia.

El umbral del automóvil: los garajes

En muchas de las casas de mis clientes que viven en barrios residenciales el garaje sobresale del resto de la fachada quedando más cerca de la calle. Por muy conveniente y práctico que parezca, esta situación acentúa la importancia del garaje y proporciona un desmesurado poder a su mecánico habitante, el automóvil. En muchos casos, la puerta principal de la vivienda queda relegada a un segundo plano respecto al garaje y empequeñecida en comparación con la enorme «boca» del garaje. Eso transmite la idea de que el coche es más importante que las personas. El automóvil se convierte en la fuerza predominante; es un ejemplo perfecto del sirviente impecable que acaba convirtiéndose en un funesto señor de la casa. Así pues, no sorprende en absoluto que las personas que viven en casas dominadas por sus garajes se quejen a menudo de sufrir estrés y de soportar un exceso de actividad en sus vidas, de conducir a toda velocidad de un compromiso a otro y de «vivir» literalmente más en el coche que en su hogar.

Su problema estructural se ve agravado cuando el garaje es un completo caos. Piense en lo a menudo que entra y sale de él. Cada vez que lo hace está siendo influido por lo que ve en la misma medida en que le afecta lo que le rodea en cualquier otra estancia de su casa. Ir y venir de un lugar desordenado y atestado de trastos y herramientas acumuladas caóticamente puede convertirse en una metáfora de su propia vida.

A continuación le ofrecemos algunas de las cosas que puede hacer para contrarrestar esos problemas potenciales:

- Cuando se esté construyendo una casa, tenga en cuenta la posibilidad de disponer el garaje aparte, ya sea en la parte posterior o lateral de la casa o de la propiedad. En el caso de que tenga que ir incorporado debajo del edificio, es preferible que quede escondido respecto a la puerta de entrada de forma que no altere la estructura de lo que en sí constituye la vivienda.

- El umbral, o puerta principal, de su casa es muy importante, pues representa su contacto con la sociedad. Si su puerta de entrada queda estructuralmente relegada en relación con el garaje, es primordial otorgarle un primer plano, ya sea literal o simbólicamente. Puede conseguirlo con un ajardinamiento inteligente, añadiendo habitaciones, mediante la iluminación, instalando un cenador, soportales, patios, porches, vallados o muros. Cualquier entrada puede acabar ocupando el lugar principal si nos dedicamos a realzar y a embellecer el camino que conduce hasta ella y la zona que la rodea. La idea es conseguir que su puerta de entrada resulte tan invitadora y atractiva que desvíe la atención de la puerta del garaje, de forma que todo el interés quede concentrado en la puerta principal, la más importante.

- Cuando sea posible, disimule la entrada del garaje cubriéndola con un biombo o algo parecido, ajardinando sus alrededores o vallándola, de forma que no resulte tan visible desde la calle.

- Pinte su garaje del mismo color que la casa, y no le añada ningún tipo de decoración que pudiera llamar la atención sobre él.

- Organice y realce el garaje en sí mismo. Desde el punto de vista del Feng Shui, el garaje es tan importante como cualquier otra habitación de la casa, así que ¡póngalo bonito! Puede alfombrarlo, organizarlo, embellecerlo y realzarlo de muchas maneras. Una de mis clientes posee un garaje especialmente acogedor. Ha colocado de pared a pared una gran alfombra, que antes tenía en el interior de la casa, colgado pósters de bellos parajes naturales, e instalado estanterías a ambos lados para organizar adecuadamente sus herramientas de jardinería. Ahora, cuando entra en el garaje, es recibida por un espacio suave, tranquilo y ordenado. Se siente bien desde el mismo instante en que cruza el umbral.

- Si entra y sale de su casa a través de una puerta interior del garaje con más frecuencia de lo que utiliza la puerta principal, asegúrese de embellecer y realzar también esa entrada. Otórguese el mismo placer que le ofrece a las personas que entran en su casa por la puerta principal. No importa que se trate de la habitación de la colada, un espacio para almacenar todo tipo de cosas, o un vestíbulo trasero; siempre puede ser transformado en una minigalería de arte, un estudio fotográfico de retratos, o simplemente un lugar en el que puede colocar a su gusto una colección de objetos por los que siente un aprecio especial. Lo importante es hacerlo agradable, que esté bien iluminado y que sea de fácil acceso.

Las tres funciones primordiales de una casa son relajar, rejuvenecer y facilitar las actividades recreativas. El garaje puede convertirse en una llamada a la actividad constante, arañando a diario un poco de las verdaderas razones por las que existe una casa. Tiene que «ponerlo en su sitio» si realmente quiere que su casa sea un lugar placentero.

Predisposición del ambiente: la primera impresión

La primera estancia a la que se accede al entrar en un edificio es la que define el ambiente o establece el decorado de todo el lugar. Los espacios a los que más habitualmente se accede son vestíbulos, salones o antecámaras, que dan la bienvenida a los visitantes y les ofrecen la oportunidad de acomodarse al entorno antes de pasar a otra estancia.

Cuando el espacio al que se accede en primer lugar es la cocina, el comedor, el despacho o el dormitorio, zonas marcadamente definidas, inmeditamente se podrá deducir cuál es el aspecto primordial que domina la casa. Por ejemplo, la cocina o el comedor inducirán a pensar en alimentos y en comer, de manera que los invitados tenderán a considerar de inmediato hasta qué punto tienen hambre y lo agradable que sería quedarse a comer.

Una pareja con la que trabajé hace poco, había reestructurado el camino de entrada a su hogar de forma que sus invitados tenían que pasar obligatoriamente por la cocina antes de acceder al resto de la casa. Les pregunté si para ellos era un placer invitar a comer a sus amistades, y el rostro de ambos se iluminó automáticamente con una sonrisa. ¡Naturalmente! Por lo menos dos o tres veces por semana reunían alrededor de su mesa a un nutrido grupo de personas dispuestas a compartir lo que hubiera. La entrada de su casa, aunque ligeramente poco convencional, era para ellos perfectamente adecuada.

También trabajé con una mujer a la que le resultaba muy difícil superar su problema de bulimia. Resultó que la puerta de entrada de su casa daba directamente al comedor. Conseguimos trasladar la mesa y las sillas que utilizaba para comer a un discreto rincón de la cocina, y transformamos la estancia que hasta entonces había sido el comedor en una amplia galería. Actualmente la puerta de entrada da acceso a un bello jardín interior, con grandes palmeras, floridas piñas tropicales y un manantial hecho con rocas naturales. Con los muebles que simbolizaban el acto de comer fuera de su vista y las cualidades fortalecedoras del chi que poseen las plantas y el agua dándole la bienvenida a casa, notó enseguida que le resultaba mucho más fácil corregir y equilibrar sus hábitos alimentarios.

Los apartamentos pequeños y estudios presentan a menudo el inconveniente de que la primera estancia a la que se accede es el dormitorio. Los dormitorios encierran muchas connotaciones, desde las relacionadas con el sueño a las sicalípticas, y es mejor que se encuentren apartados de la entrada principal. Por lo tanto, lo mejor será separar la cama de la entrada utilizando un biombo, o elegir una cama que se pueda retirar o transformar de algún modo: un futón o una cama abatible o plegable.

Como es obvio, entrar directamente en un despacho inducirá a pensar en trabajo, trabajo y más trabajo. Quizás esto sea exactamente lo que usted desea; sin embargo, la mayoría de las personas suelen agradecer que al llegar a casa se les conceda un instante para acomodarse al entorno antes de emprender la tarea. Dependiendo del espacio de que disponga, puede instalar una «pausa» de bienvenida de muchas maneras: colocando, por ejemplo, una fuente de agua fresca cerca de la puerta, disponiendo una zona en la que pueda sentarse a descansar unos minutos antes de dirigirse al despacho o montando un vestíbulo en toda regla en el que la gente pueda tomar aliento antes de mentalizarse para emprender el trabajo.

Delante y detrás: ubicación de las habitaciones

El chi más activo se encuentra en las habitaciones situadas en la fachada del edificio. Si el espacio más adelantado es el garaje, entonces éste será el lugar más activo. Si se trata del salón, en una vivienda, o de los despachos en una empresa, estas estancias serán las más activas, y la disposición del espacio, además de funcional y práctica, será una especie de acorde armonioso que aporte equilibrio al lugar.

Lo que no suele funcionar es tener un dormitorio en la parte delantera de la casa o un despacho o estudio en la parte trasera. Del mismo modo, emplazar los lugares de mayor actividad laboral en la parte trasera del edificio de una empresa va contra la forma natural de fluir del chi.

Los dormitorios y las habitaciones situadas en el interior y apartadas de la puerta de entrada se consideran zonas yin. Funcionan bien como lugares dedicados a una profunda relajación, rejuvenecimiento o retiro. Las estancias «despiertas», como el salón, la cocina y las habitaciones de trabajo se consideran yang, desde el momento en que se encuentran en la parte delantera de la casa. También funcionan bien unidas. Cuando un dormitorio está situado en la parte delantera de la casa, el sueño se ve a menudo interrumpido o afectado de forma negativa debido a la abundancia de chi de características yang en el lugar. La atmósfera de actividad de la parte delantera de un edificio puede ser puramente energética o deberse a que realmente se vea bombardeada por los «despiertos» ruidos de las calles, la gente, etcétera. Y a la inversa, un despacho o un salón situados en las recónditas estancias de la parte trasera de una casa, edificio de oficinas o complejo comercial, puede llegar a sufrir de una carencia crónica de chi activo, despierto, hasta el punto de agotar a las personas que intentan trabajar o pasar un buen rato en esos lugares.

Siempre que sea posible, instale los dormitorios en la parte trasera de la casa. He trabajado en numerosos hogares en los que hemos convertido la ostentosa alcoba situada en la parte delantera de la casa en un despacho o estudio, mientras otra estancia emplazada en la parte posterior era transformada en dormitorio. Por sencilla que parezca, esta puede ser una solución muy gratificante. Los dormitorios responden mejor a nuestras necesidades cuando son acogedores. A mayores dimensiones, más yang será una alcoba, con lo que se resentirá la sensación de intimidad que alimenta y favorece el sueño y el amor.

Cuando no le sea posible trasladar un dormitorio a la parte trasera de la casa, el Feng Shui aún puede proporcionarle numerosas soluciones que le ayudarán en este sentido. Para equilibrar una ubicación yang, como la de un dormitorio situado en la parte delantera de la casa, introduzca en él influencias yin: colores oscuros e intensos, estampados, bandas horizontales, así como un mobiliario suave y recargado y una iluminación tenue (véase la lista yin-yang de la página 43). Asegúrese de que los cinco elementos también están representados.

Por lo que se refiere a despachos relegados a la parte trasera de una casa o de un edificio de oficinas, el Feng Shui equilibra el chi eminentemente yin utilizando influencias yang. Una iluminación radiante, el blanco y los colores pastel y brillantes, así como líneas angulosas en el mobiliario son sólo algunos ejemplos de cómo introducir elementos de influencia yang. Si además se añade una fuente o algo similar, con el alegre sonido del agua corriendo, música rítmica y festiva y otros elementos que intensifiquen el chi, como juegos de campanas tubulares, banderas o pancartas, éste fluirá de forma más activa, equilibrando las energías yin y yang.

Romper moldes: el uso de las habitaciones

Nuestras casas y edificios de oficinas han sido construidas otorgándole previamente a cada estancia una función específica como salón, comedor, dormitorio principal, despacho del presidente, despensa, etcétera. Sin embargo, si alguna de esas estancias no se adapta a nuestras necesidades, su función debe ser cuestionada. ¿Estarán el dormitorio principal o el salón mejor utilizados como estudio de arte o de danza? ¿Resulta necesario transformar la habitación de invitados o el comedor convencional en un despacho del que no podemos prescindir? ¿Es adecuado que el despacho más grande constituya un espacio para una sola persona, o estaría mejor utilizado como una sala para los empleados? Las habitaciones de invitados pueden convertirse en despachos, los dormitorios en estudios, los estudios en dormitorios, las despensas en oficinas, las salas de conferencias en salas de estar, los gabinetes en comedores y los comedores en gabinetes. Si presta atención a la forma en que fluye el chi en cualquier entorno, se dará cuenta de su funcionalidad inherente. El chi fluye mejor cuando están presentes la satisfacción y comodidad humanas. Cuestiónese la forma en que ha distribuido las diferentes estancias en su hogar y en su oficina. Puede que descubra espacios que nunca había sido consciente de poseer.

Ejercicio

Vuelva atrás en el tiempo y piense en su casa o lugar de trabajo como si nunca nadie le hubiera sugerido cómo distribuirlos y utilizarlos. ¿Realizaría usted algún cambio? Cuando un entorno se distribuye para que sea útil y práctico a las personas que deben vivir o trabajar en él, el chi se fortalece y todos resultan beneficiados.

El camino señalado: las esquinas

Dado que la arquitectura y el diseño occidentales están dominados por formas angulares, acabamos viviendo rodeados constantemente de esquinas. En cualquier edificio, las esquinas se consideran ofensivas en el sentido literal de la palabra: golpean y desplazan al chi, por fuerte que este sea, en cualquier dirección a la que apunten. Además, las esquinas puntiagudas que a menudo tienen muchos de nuestros muebles pueden ser incluso peligrosas, sobre todo si estos están hechos con los clásicos materiales de construcción: vidrio, madera, metal o piedra. Todos nos hemos magullado o cortado alguna vez con el mobiliario que nos acecha y agrede con sus esquinas. Su presencia rompe una de las reglas primordiales del Feng Shui: «¡Vive siempre rodeado de objetos seguros!».

Las esquinas del mobiliario, el mostrador y los expositores se convierten también en flechas indicadoras cuando apuntan hacia la puerta. En realidad echan a la gente antes de haberle dado la oportunidad de entrar. Muchas tiendas han sufrido de una angustiosa carencia de clientes por haber dispuesto su género en expositores que conducían a la gente en la dirección equivocada: FUERA en lugar de DENTRO. Hace poco entré en una tienda de artesanía en la que los expositores y mostradores de la parte delantera estaban colocados de forma que sus esquinas apuntaban directamente hacia la puerta. La sensación de ser empujada hacia atrás, en dirección a la puerta, era palpable. Le pregunté a la encargada cómo iba el negocio. Me respondió que la mayoría de las personas se limitaban a pararse junto a la puerta y mirar, pero que nunca entraban.

Ya sea en el hogar o en lugares de trabajo, las personas se pueden sentir afectadas negativamente por las esquinas. Las esquinas de los muebles o de la propia estructura del edificio que se encuentren justo frente a la puerta de entrada pueden hacer que nuestros invitados o clientes se sientan mal recibidos, y contribuir a echar fuera del edificio todo tipo de influencias positivas. Cuando apuntan hacia puertas interiores, tanto en casa como en el trabajo, las esquinas pueden actuar como pequeños pero muy molestos indicadores, pinchando, «dando codazos» o empujando a las personas que crucen esa estancia. Existen numerosas soluciones:

- Siempre que sea posible, elija diseños y muebles que no tengan esquinas puntiagudas. Aunque la forma más generalizada es cuadrada o rectangular, si las esquinas han sido suavizadas, el objeto será mucho más seguro y amigable.

- Cuando el mobiliario y los expositores ya existentes tengan esquinas puntiagudas, gírelas en diagonal, de forma que la parte plana quede de cara a la puerta.

- Suavice las esquinas tapándolas con un biombo o cubriéndolas con cosas como tela o plantas.

Ejercicio

La próxima vez que se encuentre en su tienda favorita, fíjese en cómo están dispuestos los expositores. ¿Hay esquinas apuntando hacia usted cuando cruza la puerta de entrada? Si es así, ¿cuál es su respuesta ante ellas? Preste atención e intente notar si se siente arrastrado hacia el interior o empujado hacia fuera. Haga lo mismo cuando se encuentre en una tienda que no le guste demasiado. ¿Qué diferencias percibe en la forma en que las dos tiendas están diseñadas y decoradas?

Remodelar la «caja»: los rincones

Los rincones de una habitación cuadrada tienden a tirar con fuerza del chi que circula por la estancia atrayéndolo hacia uno de ellos, donde suele quedarse estancado. Este estancamiento se ve acentuado por la acumulación de objetos que en realidad deberían estar en otro sitio, como cajas, papeles o las bolsas de deporte. Los rincones pueden fácilmente convertirse en el remanso de las aguas estancadas de una habitación.

La solución que ofrece el Feng Shui para los rincones es suavizarlos, ya sea redondeándolos hacia fuera o rellenándolos, con materiales de construcción: la moldura coronada y otras molduras decorativas hechas de madera suavizarán los puntos extremos que se forman en los ángulos rectos en los que se unen paredes, techos y suelos. Otra manera es colocando luces, plantas, objetos de arte, cestos, cerámica o esculturas frente a ellos. A veces, la solución perfecta es utilizar ciertos muebles dispuestos en diagonal de forma que redondeen el rincón. También se pueden trabajar desde arriba, colgando campanas tubulares, cristales móviles o cualquier tipo de objeto que resulte atractivo. Las esquinas estructurales que sobresalen hacia el interior pueden ser asimismo negativas, por lo que hay que tratarlas igual que las otras suavizando su anguloso borde, apuntando en una dirección determinada, para equilibrar el chi. Como ya he explicado más arriba, elija una forma que le resulte placentera para suavizar una esquina que sobresale en exceso.

A la mayoría de personas, entrar en una estructura que carece de rincones y ángulos les resulta una experiencia única y maravillosa. Mi marido Brian y yo disfrutamos de veras cada vez que vamos al Rainbow Hill Inn, en Julian, California, un edificio construido por el arquitecto James Hubbell. En toda la estructura no hay un solo rincón. Las estancias tienen suaves y redondeadas formas orgánicas esculpidas en adobe. Durante nuestras visitas, ambos nos sentimos arrebatados por una oleada de creatividad, acompañada de una profunda calma, llenos de energía y relajados gracias a la abundancia de chi que fluye de forma armoniosa por toda la estructura.

Ríos y rápidos de aguas embravecidas: escaleras y vestíbulos

Otros elementos arquitectónicos que producen efectos extremos son las escaleras y los vestíbulos. Las escaleras pueden convertirse en incontenibles cataratas para el chi, canalizando gran parte de la energía vital de la estructura hacia un nivel inferior, en otra zona. Si las escaleras van a dar justo a la puerta de entrada, el chi nutricio se desborda por la puerta y sale del edificio, llevándose a menudo con él la salud y la buena suerte de sus ocupantes. Las habitaciones situadas en la parte superior de un edificio o de unas escaleras siempre sufren el tirón del cercano descenso —como sucede con la zona que se encuentra en la parte superior de unas cataratas naturales—, mientras que las que se hallan situadas al pie de una escalera están constantemente avenadas por el chi que baja embravecido del nivel superior. El Feng Shui intenta situar a las personas fuera de los puntos extremos de flujo del chi, no expuestas a ellos. Por lo tanto, el tratamiento que hay que dar a las escaleras debe tener por objetivo atraer el equilibrio y las aguas tranquilas.

Cuando se encuentre con escaleras que dan directamente a la puerta, debe hacer todo lo que esté en su mano para detener el flujo de chi fuera del edificio. Es fácil conseguirlo instalando cualquier tipo de barrera más o menos estética entre la puerta y las escaleras: un biombo, plantas, muebles o una pieza de arte. Si no cuenta con el espacio suficiente, entonces coloque un espejo frente a ellas, lo que ayudará a que el chi descendente se eleve y circule. También puede colgar un cristal tallado y esférico sobre el primer peldaño; esto servirá una vez más para atrapar y hacer fluir el chi que se escapa. Asegúrese de no estar acentuando la pendiente de la catarata, colgando en el hueco de la escalera cuadros en un orden descendente. Si quiere utilizarlos para canalizar de nuevo el chi, póngalos todos a la misma altura, lo que creará una fuerte línea horizontal que mantendrá el chi elevado. Elija cuadros cuyos temas sean luminosos y optimistas, lo que creará movimiento escaleras arriba: pájaros en pleno vuelo o de una composición abstracta de líneas ascendentes. En algunos casos también resultará adecuado colocar un espejo, siempre y cuando no esté situado directamente frente a otro.

Estas modificaciones que sugiere el Feng Shui se pueden emplear para equilibrar el chi que fluye escaleras abajo en cualquier ubicación. No olvide utilizar sus ojos y sus oídos Feng Shui. Deje que el propio entorno le «diga» cuál es la mejor solución.

Igual que sucede con las escaleras, los vestíbulos y pasillos de su casa u oficina pueden canalizar el chi con demasiada rapidez como para hacerle sentir cómodo. Los vestíbulos muy largos hacen que las personas aceleren la marcha y acaben andando muy deprisa, o incluso corriendo, en lugar de hacerlo a un paso normal. A la mayoría de las personas les resulta difícil mantener una conversación en un vestíbulo. Yo casi siempre me siento como si estuviera cogida en la parte alta de un río cuya fuerte corriente intentara arrastrarme aguas abajo. Para equilibrar este problema, lo mejor es dividir los vestíbulos en zonas más pequeñas y favorables para las personas, o bien modificarlos de forma que constituyan un camino por el que pueda fluir reposadamente el chi. Para dividir un gran vestíbulo o un pasillo muy largo, disponga obras de arte, espejos, luces, muebles y alfombras que compartimenten el espacio, lo que frenará el flujo del chi. Pero si lo que quiere es crear un camino serpenteado, coloque puntos de interés al azar a lo largo del pasillo con la ayuda de plantas, muebles, u obras arte. Eso frenará el chi hasta una velocidad favorable y dará a las personas la oportunidad de tomar aliento.

No es muy apropiado colocar un espejo al final del pasillo, porque esto doblará la longitud de una estructura que de por sí ya es lo suficientemente larga. Sin embargo, poner espejos transversalmente a las puertas que dan al pasillo o vestíbulo puede resultar de gran ayuda. Su presencia hace que el pasillo parezca más ancho y regula el chi de las personas que acceden a él a través de dichas puertas.

La línea entre el cielo y la tierra: los techos

La mayoría de las personas nos sentimos cómodas en estancias con una altura entre 2,5 y 3 metros, por lo que cuando el techo es mucho más alto, podemos empezar a encontrarnos incómodos, minúsculos o desorientados ya que el excesivo espacio por encima de las cabezas es demasiado yang como para resultar confortable. He estado en muchas casas en las que el techo del salón supera los cuatro metros y medio, y por regla general sus habitantes ven consternados cómo nadie utiliza ese espacio. Todos los invitados se congregan en las zonas de la cocina o del gabinete, mucho más acogedoras por la sencilla razón de que el techo no supera los dos metros y medio. A la mayoría les puede gustar el aspecto de un techo muy alto cuando pasan por la estancia, pero no les apetece quedarse allí. No saben exactamente por qué; simplemente no es el sitio donde más a gusto se sienten.

Una forma de equilibrar la excesiva altura del techo es crear una «línea entre el cielo y la tierra». Como influencia yin, esta línea horizontal define y afianza la estancia al romper la línea vertical que marcaba la altura del techo. Trace esa línea introduciendo alrededor de la habitación un ribete horizontal a cualquier altura entre 1,8 y 3 metros medidos desde el suelo. Ese ribete puede seguir la línea natural marcada por la parte superior de las puertas, ventanas, cuadros o estanterías (véase la figura de la página siguiente). Puede hacerse con una moldura o con cenefas de papel; también se puede sugerir o insinuar colgando cuadros a la misma altura alrededor de toda la habitación.

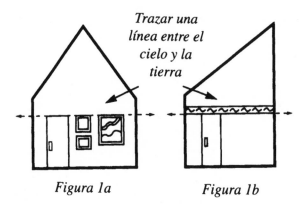

Trazar una línea entre el cielo y la tierra

Figura 1a   *Figura 1b*

Según la altura y dimensiones reales del techo, el espacio «celeste» que está por encima de la línea puede ser un lugar fantástico para instalar un móvil poco pesado, un póster, una bandera, o cualquier tipo de artesanía textil. Geri Scalone, un artista afincado en Encinitas, California, ha diseñado un «trapecio» en el que cuelga collages de tela que se pueden cambiar fácilmente haciéndolo bajar, poniendo en él nuevas combinaciones de materiales, e izándolo de nuevo. Estos objetos de artesanía transforman el espacio celeste de forma que resulte a la vez agradable para la vista y estimulante para el espíritu. La mera insinuación de un techo situado a una altura acogedora, además de la posible incorporación de cuadros que definan los «cielos» que quedan por encima de ellos, suele bastar para que los visitantes queden fascinados por una estancia de techo alto y se sientan tan cómodos como en su propia casa.

Las habitaciones cuyo techo es muy alto en un lado y que descienden de nivel en el otro también pueden resultar incómodas. En estos casos utilice la misma técnica para trazar una línea horizontal entre el cielo y la tierra (véase figura 1b). Trácela alrededor de toda la habitación de manera que se pueda visualizar; no importa que no se corresponda exactamente con la estructura arquitectónica. En la pared más baja coloque un espejo, ayudará a elevar el chi oprimido, y sitúe los muebles más grandes en el lado más alto de la estancia, así estabilizará el chi. La iluminación y las plantas también pueden ayudar a equilibrar el chi; utilícelas en combinación con el espejo y la línea entre el cielo y la tierra.

Los techos muy bajos y completamente uniformes plantean otro problema, pues al estar demasiado próximos al suelo compriman el chi. Se consideran muy yin, y por lo tanto necesitan influencias yang, como luces, espejos, plantas y colores claros y brillantes para elevar y expandir el chi. Introduzca una iluminación dirigida hacia el techo, lo que sugerirá una línea vertical y estimulante, y elija tapicerías y cuadros en los que domine la línea vertical.

Los cauces del chi: las vigas

Las vigas dejadas al descubierto son un elemento estructural que está bastante de moda en la arquitectura occidental, y a menudo se piensa que dan carácter a una estancia. Pero también producen una molesta sensación de pesadez en las personas que se encuentran debajo. Por lo general, las vigas soportan pesos tremendos que forman parte de la estructura del edificio, y pueden canalizar fuertes flujos de chi, de forma parecida a como lo hacen los vestíbulos y pasillos. Cuanto mayores, más bajas y más oscuras sean, más se necesitará equilibrarlas mediante el Feng Shui. Puede hacer varias cosas en este sentido:

- Rompa simbólicamente la línea de fuerza colocando dos piezas de madera (por lo general de bambú) en los ángulos (véase figura 2a). Eso «disuelve» el chi que corre a toda velocidad por la carretera que constituye la viga, y sugiere el esbozo de un octágono o un círculo, que hace circular el chi hacia abajo y alrededor de la estancia.

- Pinte la viga de un color claro, como blanco, beige o cualquier color pastel, lo que dará la sensación de que está más alta y suavizará su presencia visual.

- Equilibre la viga colgando de ella tejidos, guirnaldas, cintas, pancartas, móviles o cualquier otro tipo de objetos ligeros (véase figura 2b). Con ello suavizará y redondeará las vigas,

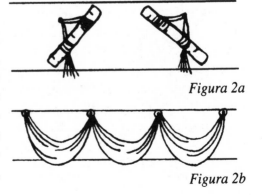

Figura 2a

Figura 2b

añadiendo además colorido e ingredientes que representan a otros elementos. Pero atención, sólo cuelgue de ellos objetos poco pesados, de modo que nadie se sienta amenazado cuando esté debajo.

- Recuerde que la mayoría de las vigas están hechas de madera, así que el primer elemento que debe tomar en consideración es el metal, en forma de colores brillantes y contornos redondeados.

Nuestros compañeros del siglo XX: el material eléctrico

El material eléctrico activa el chi. Aparatos como la televisión, los ordenadores, el equipo de música, la impresora o la copiadora y los microondas pueden hacer de su presencia física y energética el elemento dominante que atraiga la atención de las personas que vivan o trabajen cerca de ellos. Algunas personas están convencidas de que los aparatos eléctricos son «insistentes», y que se quedan mirando fijamente a sus dueños o usuarios hasta que consiguen atraer su atención. En un entorno de trabajo, esto es ideal, ya que todos los chi individuales se mantienen activos gracias a los aparatos eléctricos que los rodean. Sin embargo, en una vivienda, el equipo eléctrico puede prolongar excesivamente la actividad, manteniendo a todo el mundo ocupado cuando lo que en realidad necesitan esas personas es equilibrar sus atareadas jornadas de trabajo con un poco de paz y tranquilidad. Muchos padres sabrán a qué me refiero cuando hablo de la batalla diaria que mantienen con sus hijos acerca del uso exagerado de la televisión o el ordenador. ¡Los aparatos eléctricos les «llaman» sin descanso para que acudan a jugar con ellos!

Una de las soluciones más sencillas para evitar este problema es ocultarlos cuando no se utilizan. Quítelos de la vista guardándolos en vitrinas o armarios, o cubriéndolos con una bonita tela. Para la mayoría de las personas es sorprendente hasta qué punto la atmósfera de una habitación se transforma, se llena de tranquilidad y serenidad, simplemente cubriendo la televisión o guardando el aparato estereofónico en una vitrina. Todo esto resulta especialmente importante en el dormitorio, donde una televisión o la pantalla de un ordenador «mirándole» impertérritas pueden realmente perturbar su reposo.

Tanto los aparatos eléctricos como los automóviles tienen la misma tendencia a dominar todo aquello que los rodea. Cuando se tienen delante, ejercen una fuerte y absorbente influencia sobre sus usuarios. En el hogar, son objetos de entretenimiento y cumplen mucho mejor con su función de estar al servicio de sus dueños si desaparecen de nuestra vista mientras no se utilicen. Por el contrario en una oficina, mantenerlos en un lugar patentemente visible contribuirá a que todo bulla de actividad.

Aparte del efecto dominante que ejerce la presencia de aparatos electrónicos, hay que tener en cuenta el tema realmente preocupante de la radiación electromagnética (REM). Todos los aparatos eléctricos emiten cierta cantidad de radiación electromagnética. Por regla general es insignificante, pero en el caso de los ordenadores o de los hornos de microondas pueden ser suficiente como para que resulte nociva para el organismo. Cuando medí la cantidad de REM emitida por los aparatos eléctricos de mi hogar, descubrí que el fax, la televisión y el microondas eran los más agresivos, y que para estar realmente protegida, tenía que mantenerme por lo menos a dos metros de distancia cuando estaban en funcionamiento. Lo ideal sería que usted pudiera medir la cantidad de radiación electromagnética que emite cada uno de los aparatos de su vivienda.

Ejercicio:

Elija una habitación de su casa en la que los aparatos eléctricos, como la televisión o el ordenador están a la vista. Siéntese cómodamente y obsérvelos durante un rato. Luego tápelos con una bonita tela o un biombo. Vea si aprecia alguna diferencia en el chi de la estancia.

Repaso

Para resumir los numerosos aspectos que hasta ahora hemos tratado del Feng Shui relativos al entorno de nuestros hogares y lugares de trabajo, diremos lo siguiente:

- Los entornos de nuestro hogar y nuestro lugar de trabajo están llenos de vida, absolutamente interrelacionados con el resto de nuestra existencia, susceptibles de experimentar cambios en cualquier momento.

- Si nuestras opciones a la hora de seleccionar, distribuir y decorar los entornos en los que debemos vivir se rigen por un deseo de comodidad y seguridad, y además nos sabemos rodear de las cosas que más estimamos, estaremos estimulando el flujo de chi vital. Esta forma de organizar nuestro entorno nos permitirá crear un paraíso personal.

- Nuestras elecciones al seleccionar y organizar los entornos en que vivimos pueden enfocarse desde el punto de vista de equilibrar las características yin y yang, así como la presencia de los cinco elementos, lo que también favorecerá el flujo de chi vital.

- La forma precisa en que decidamos colocar los objetos que nos rodean en nuestro entorno, puede resultar invitadora para el chi vital y para nuestros conocidos o bien provocar el efecto contrario, alejando de nuestra compañía tanto el chi como a las personas.

Cómo crear los lugares de poder: escritorios, camas y otros elementos del mobiliario

Las directrices que le indicarán cómo trabajar con su mobiliario son básicamente las mismas que aplicará a su entorno en general. Los detallamos a continuación:

- Su mobiliario está esencialmente vivo, interrelacionado con el resto de su vida, y puede ser redistribuido en cualquier momento.

- Si sus opciones a la hora de seleccionar y distribuir su mobiliario se rigen por un deseo de crear comodidad y seguridad, y si se sabe rodear de las cosas que más aprecia, lo que estará haciendo es intensificar la circulación del chi vital, además de establecer su poderío personal.

- Sus elecciones al seleccionar y organizar el mobiliario pueden equilibrar las características yin y yang, así como los cinco elementos, lo que también favorecerá el flujo de chi vital en su entorno.

- La forma precisa en que decida colocar sus muebles puede resultar invitadora para el chi vital y para nuestros conocidos o bien provocar el efecto contrario, alejando de nuestra compañía tanto el chi como las personas.

El mobiliario es importante. Le acompaña día y noche, y le presta apoyo en todo momento. Piense en cómo sería su vida si careciera de muebles y se dará cuenta al instante de hasta qué punto los necesita. Puede utilizarlos o simplemente observarlos. Cada pieza del mobiliario tiene una presencia específica que demanda una respuesta concreta. Puede que le guste, que esté enamorado de él o que lo deteste. Lo ideal sería que le gustasen todos y cada uno de los muebles de su casa y de su lugar de trabajo. Si no es así, empiece a hacer planes para ver cómo podría cambiarlos de manera que en un futuro próximo le gusten todos. Una de las formas de enfocar el problema sería continuar viviendo con lo que tiene hasta que aparezca el mueble ideal que estaba esperando. Pero quizá para usted sea una cosa prioritaria y no pueda esperar ni un día más. Si no olvida los principios del Feng Shui, se dará cuenta de hasta qué punto es importante rodearse del mobiliario que le guste, le acoja y le apoye.

Cuando se trata de crear mediante el mobiliario un espacio que le haga sentir cómodo y seguro, hay que tener en cuenta y encontrar los «lugares de poder» en cada habitación. Este criterio se deberá aplicar sobre todo a la hora de decidir cómo se va a disponer un mueble que utiliza cada día durante mucho tiempo, como por ejemplo un escritorio o una cama.

Una buena forma de saber si realmente se encuentra en el lugar de poder de una habitación es comprobar que desde él alcanza a ver la puerta de entrada. Si hay más de una puerta, se tienen que ver todas desde el punto de poder, o por lo menos la puerta principal. Muy pocas personas se sienten cómodas si desde donde están sentadas o acostadas no pueden ver la puerta de la habitación. Se trata de una profunda respuesta instintiva que, si no se tiene en cuenta, llega a crear desódenes en el sistema nervioso de una persona hasta ponerla al borde del abismo.

Muchos de nosotros pasamos la mayor parte de nuestras horas de vigilia sentados ante un escritorio o una mesa de trabajo. Es nuestro lugar de poder, el lugar en el que trabajamos, celebramos reuniones, realizamos llamadas telefónicas, escribimos y, en general, desarrollamos nuestra vida profesional. Lo ideal para que una mesa o escritorio se encuentre situada en el lugar de poder de una estancia es que desde ellos se vea la puerta. Si su escritorio está emplazado de cara a la pared, de forma que usted le da la espalda a la puerta, existen dos posibles soluciones:

- Cambie de posición el escritorio de forma que pueda ver la puerta.

- Coloque un espejo en el escritorio, o detrás, que le permita ver la puerta reflejada. Los espejos sirven también para reflejar el campo de visión que perdería al girar el escritorio para poder ver la puerta.

Una vez un cliente colocó el escritorio en el despacho de su casa de espaldas a la puerta, y de cara a una maravillosa vista del océano al fondo de un acantilado. Allí escribía una novela completamente inmerso en sus pensamientos. No obstante, cada noche, exactamente a la misma hora, su esposa y su hijo entraban en el despacho para desearle las buenas noches, dándole un susto de muerte al notar que había alguien detrás. Él acabó enfadándose con su mujer por el hecho de que cada noche le asustara de esa forma. Y ella, aunque al principio se molestó por su reacción luego se sintió malhumorada consigo misma. ¡Lo más lógico era que se acabara acostumbrando a su irrupción! La esposa lo intentó todo, llamarle por su nombre antes de entrar en la habitación, dar palmas o llamar su atención de alguna forma familiar, pero él siguió dando un brinco alarmado. Aun así, este hombre seguía sin querer cambiar de posición el escritorio, pues estaba fascinado y se sentía inspirado por la imponente vista que tenía delante.

La solución que encontramos fue colocar en su escritorio un espejo de mesa, de los denominados a menudo espejos de tocador, y nunca más le volvieron a asustar. Gracias al espejo los veía entrar, por lo que de ahí en adelante no volvió a sentirse incómodo.

En la distribución del espacio de cualquier empresa, la vida de todo el mundo, desde el presidente a la recepcionista, gira en torno a sus escritorios. Puesto que muchas oficinas adolecen de una larga lista de condiciones que contribuyen a mermar el chi, como zonas de trabajo abarrotadas, techos bajos e iluminación mediante fluorescentes, es esencial para los trabajadores equilibrarlo y vigorizarlo en sus escritorios y alrededor de ellos.

Lo primero y principal es ver la puerta desde el escritorio, ya sea directamente o a través de un espejo. Este es uno de los sistemas más sencillos y eficaces para intensificar el chi. Utilice plantas, biombos o paneles cuando sea necesario camuflar un ordenador o alguna instalación eléctrica. No renuncie a personalizar la superficie de su escritorio con objetos que usted estima y que alimentarán su chi a lo largo del día. Consulte el capítulo dedicado a las herramientas básicas del Feng Shui de la página 199, y también el que le explica cómo trazar el mapa bagua de su mobiliario (página 108). Goce del placer de construir un círculo de energía revitalizadora del chi, utilizando como punto central su escritorio.

Ejercicio:

Cuando quiera cambiar de posición su escritorio y disponga de dos o más lugares en la estancia desde los que pueda ver la puerta, coloque primero su silla de trabajo en cada uno de esos lugares. Sitúela exactamente como si tuviera el escritorio delante, siéntese tranquilamente unos instantes, y déjese invadir por la sensación que experimentaría si se pasara la mayor parte del día allí. Lo normal es que en uno de esos lugares se sienta inmediatamente cómodo: ese será su lugar de poder.

La cama es otro de los elementos del mobiliario que, cuando está bien situada, garantiza un sueño plácido y la sensación de seguridad y comodidad. Esto es muy importante, puesto que en ella pasamos un tercio de nuestra vida, el tiempo en que somos más vulnerables.

Las camas constituyen un problema más delicado que los escritorios por dos razones. La primera porque los espejos no son adecuados para los dormitorios, ya que activan el chi en una estancia que está pensada para el descanso y la relajación y reflejan cualquier movimiento, lo que puede sobresaltar a la persona que esté medio dormida. Lo crea o no, en los dormitorios en los que hay armarios con puertas de espejo éstas suponen, desde el punto de vista del Feng Shui, más un problema que una ventaja. La regla básica que dicta la experiencia es tener un solo espejo en el dormitorio, o ni siquiera eso, y colgado lo más lejos posible de la cama. Un dormitorio debe producir la sensación de ser un nido seguro y lleno de sosiego, y no un exquisito y rebuscado vestidor.

Hace poco me llamaron para que acudiera a una casa en la que el hijo adolescente no había dormido decentemente ni una sola noche desde que la familia se había mudado un mes antes. El chico insistía en dejar la luz encendida durante toda la noche porque la habitación «le horripilaba». Una de las paredes de su dormitorio estaba completamente ocupada por un armario con puertas de espejo tan grandes que era imposible situar la cama de forma que no se reflejara en ellas. Nos planteamos las opciones de o bien reemplazarlas por puertas normales, o bien cubrirlas con cortinas correderas de forma que pudieran permanecer abiertas durante el día y cerradas durante la noche. La madre decidió cubrir los espejos provisionalmente aquella noche con un par de sábanas y el chico se sintió de inmediato mucho mejor en la habitación, durmió profundamente durante toda la noche y no volvió a tener necesidad de dejar la luz encendida.

La segunda razón por la que la colocación de la cama resulta delicada es la gran importancia que esta tiene a la hora de comprobar hasta qué punto una persona se siente descansada y rejuvenecida tras haber dormido. Es necesario que esté aislada, retirada de toda actividad, y que al mismo tiempo se pueda ver desde ella la puerta de la habitación. Por lo tanto, una cama situada directamente frente a la puerta no goza de una ubicación ideal, aunque permita ver claramente la entrada. Por eso, el lugar ideal sería a un lado de la habitación, fuera de la línea directa de circulación del chi, pero sin que se pierda de vista la puerta.

Los demás muebles, como butacas, sofás, mesas y sillas de comedor hay que colocarlos de manera que la puerta se vea lo mejor posible. Si por la razón que sea están de espaldas a la puerta, considere la posibilidad de colgar un espejo para verla reflejada. Recuerde que las personas se sienten más cómodas cuando tienen la sensación de poseer el control del entorno y pueden ver las entradas y salidas y lo que sucede en la habitación.

Ejercicio:

La próxima vez que tenga invitados deje que se sienten donde ellos quieran y fíjese en los lugares que eligen. Por regla general, el asiento situado frente a la puerta será el primero en ser ocupado.

Para escoger tu morada
debes saber cómo cuidar la tierra.
Para cultivar tu mente
debes saber cómo sumergirte en las ocultas
profundidades.
Para tratar con otras personas
debes saber cómo ser amable y bondadoso.
Para hablar
debes saber cómo mantener tu palabra.
Para gobernar
debes saber cómo mantener el orden.
Para hacer transacciones y negocios
debes saber cómo ser práctico y eficiente.
Para hacer un solo movimiento
debes saber cómo elegir el momento adecuado.

LAO TSE

6

El mapa bagua
del Feng Shui y el I Ching

El mapa bagua (véase página siguiente) tiene sus orígenes en el *I Ching* o *Libro de las mutaciones*, un antiguo libro chino de adivinación. La palabra «bagua» indica los ocho bloques básicos en los está estructurado el *I Ching*, llamados trigramas. Cada trigrama se refiere específicamente a uno de los «tesoros» de la vida, como la salud, la prosperidad o el amor. En la práctica del Feng Shui, el bagua se utiliza para trazar el plano de viviendas y oficinas y ubicar en él las áreas que corresponden a los diferentes «tesoros», asignando a cada zona del edificio un significado y sentido determinados. Desde el punto de vista del Feng Shui, la buena fortuna de sus ocupantes se ve significativamente favorecida cuando el mapa bagua de sus viviendas o lugares de trabajo ha sido trazado de forma correcta y estimulante.

Mi experiencia me ha demostrado que trabajar con el mapa bagua es una de las formas más eficaces de producir cambios y obtener resultados positivos en la vida. Viviendas, edificios de oficinas, bloques de apartamentos, jardines, habitaciones e incluso el mobiliario pueden ser planificados utilizando esta potente herramienta. He sido testigo de cómo gracias a ella se pueden obtener resultados tan asombrosos que llegan a parecer mágicos.

Los fructíferos resultados que se pueden conseguir con el bagua son consecuencia de la combinación de dos fuerzas. La primera es la inmemorial sabiduría que proporciona el *I Ching*. La segunda, el serio propósito de quien lo utiliza de realizar un cambio positivo en su vida. Durante más de seis años he comprobado en múltiples ocasiones que cuando una persona que busca un cambio positivo en su vida coloca objetos personalmente significativos en zonas correlaciodas con el mapa bagua, el chi se acelera y apunta a conseguir el resultado que se desea. ¡Y deprisa! Al igual que sucede con muchos tratamientos médicos, cuando se aplica el «remedio» bagua adecuado, en menos de 30 días se produce un cambio positivo, relacionado directamente con los deseos y los objetivos de la persona que lo utiliza. Si en ese espacio de tiempo no se aprecia ningún cambio, esa persona tendrá que volver a mirar desde el punto de vista del Feng Shui, tanto el mapa bagua como sus intenciones reales, y ajustar los remedios bagua elegidos para el área específica con la que esté trabajando. Cuando se hace con seriedad, como si se tratara de una meditación o un tratamiento, los resultados positivos no pueden dejar de producirse.

Dónde colocar sus tesoros. Cómo utilizar el mapa bagua

Imagine a vista de pájaro el edificio al que quiere aplicar el mapa y determine su forma gobal. Puede ser un cuadrado, un rectángulo, o tener forma de «T», «S», «U» o «L». Los garajes y ampliaciones de cualquier tipo que se encuentren bajo el mismo techo deben incluirse a la hora de definir la forma. Existen edificios de estructuras tan complejas que resulta un verdadero reto intentar aplicar el mapa bagua. Si ese es su caso, puede hacer dos cosas: aplicarlo en cada una de las habitaciones del edificio y trabajar así con él, o ponerse en contacto conmigo para que juntos hallemos la solución. (La información necesaria para contactar conmigo la encontrará al final de este libro.)

Una vez que haya determinado su forma global, sitúese frente a la puerta de entrada del edificio, como si se dispusiera a entrar en él. En su calidad de boca principal del chi, la puerta de entrada es el punto clave

EL MAPA BAGUA

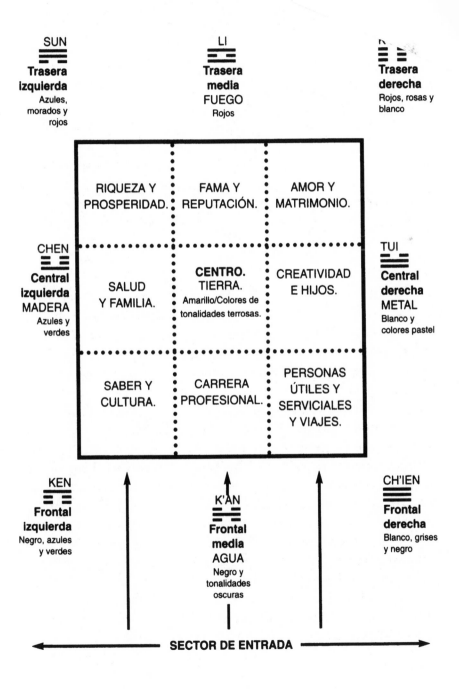

SUN
Trasera
izquierda
Azules,
morados y
rojos

LI
Trasera
media
FUEGO
Rojos

Trasera
derecha
Rojos, rosas y
blanco

CHEN
Central
izquierda
MADERA
Azules y
verdes

TUI
Central
derecha
METAL
Blanco y
colores pastel

RIQUEZA Y
PROSPERIDAD.

FAMA Y
REPUTACIÓN.

AMOR Y
MATRIMONIO.

SALUD
Y FAMILIA.

CENTRO.
TIERRA.
Amarillo/Colores de
tonalidades terrosas.

CREATIVIDAD
E HIJOS.

SABER Y
CULTURA.

CARRERA
PROFESIONAL.

PERSONAS
ÚTILES Y
SERVICIALES
Y VIAJES.

KEN
Frontal
izquierda
Negro, azules
y verdes

K'AN
Frontal
media
AGUA
Negro y
tonalidades
oscuras

CH'IEN
Frontal
derecha
Blanco, grises
y negro

SECTOR DE ENTRADA

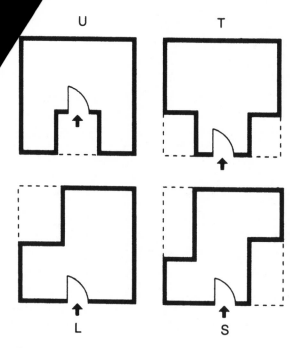

U   T

L   S

Figura 3

para determinar correctamente la orientación del mapa bagua, aún en el caso de que usted uitilice el garaje o la puerta trasera para entrar y salir. Cualquiera que sea la forma del edificio, encájela completamente dentro del mapa bagua, de forma que toda la estructura quede incluida en sus nueve secciones. No se preocupe si la puerta de entrada queda en un segundo plano o en un recoveco, sigue orientada en la misma dirección, y por tanto constituye la parte frontal del mapa bagua. Si el edificio tiene forma de «L», «T», «S» o «U», habrá zonas que quedarán fuera de la estructura del edificio (véase figura 3). Si es cuadrado (como sucede en la ilustración que representa el mapa bagua), rectangular o circular, se lo considera un espacio único y global, y el mapa bagua se estira o alarga, adquiriendo, en definitiva, la elasticidad necesaria para adaptarse a la forma de ese espacio. Las pequeñas irregularidades estructurales que puedan existir, tales como la parte salediza de una ventana o el saliente de una chimenea, realzarán incluso la zona bagua en la que se encuentren. En cuanto a las posibles escotaduras de la estructura, por regla general hay que trabajar con ellas considerándolas zonas perdidas o ausentes.

Tal como muestra el mapa bagua, cuando la entrada principal se encuentra en el lado izquierdo de la fachada, estará situada en la zona del saber y la cultura. Si la puerta de entrada está en el centro de la fachada del edificio, coincidirá con la zona de su carrera profesional; y si se encuentra en el lado derecho, estará usted entrando a través de la zona correspondiente a las personas útiles y serviciales y a los viajes.

Una vez que haya determinado en qué zona del bagua está situada su puerta de entrada, el resto de zonas pueden ser ubicadas fácilmente. Por ejemplo, para situar su zona correspondiente a la riqueza y prosperidad, utilice la puerta de entrada como punto de partida y establezca cuál es la parte trasera izquierda del edificio. Si la vivienda está estructurada en varios pisos, la zona de la riqueza y prosperidad se encontrará siempre en el mismo lugar en cada piso o nivel. Así por ejemplo, si su comedor se halla en la parte trasera izquierda de su hogar, y en el piso superior, directamente encima de él, hay un dormitorio, ese dormitorio también estará ubicado en la zona de riqueza y prosperidad de la casa.

A continuación determine cuál es la parte trasera derecha de la casa. Esa es la zona asociada al amor y el matrimonio. Utilizando como guía el mapa bagua, podrá ver que entre las zonas correspondientes a la riqueza y al amor se encuentra la que se relaciona con la fama y la reputación, en la parte central trasera de la casa. Ubique la zona relacionada con la salud y la familia en la parte central izquierda, entre las zonas correspondientes a la riqueza y prosperidad y al saber y la cultura. La zona asociada a la creatividad y los hijos se sitúa en la parte central derecha, entre la zona del amor y el matrimonio y la relacionada con las personas útiles y serviciales y los viajes. Preste atención, siguiendo el mapa, a la posibilidad de que alguna de sus áreas se encuentre efectivamente fuera de la estructura del edificio.

Cómo trazar el mapa bagua de una estancia

Para trazar el esquema bagua de una estancia, sitúese en la puerta mirando hacia el interior de la habitación. Si hay más de una puerta de acceso, colóquese frente a la que se utilice con mayor frecuencia. Ese será su punto de referencia para determinar la orientación bagua de la habitación, de la misma manera que la puerta principal determina la orientación bagua de un edificio. Una puerta en el lado izquierdo de una habitación se encuentra en la zona del saber y la cultura, mientras que una puerta en el centro de la estancia está en la zona de la carrera profesional. A una habitación cuya entrada se encuentre en el lado derecho se accede por la zona relacionada con las personas útiles y serviciales y con los viajes. Muchas veces, las zonas bagua de cada una de las habitaciones no coincidirán con las zonas bagua del inmueble, pero eso no tiene ninguna importancia. Descubrirá que cada estancia de su hogar posee sus propias zonas bagua en las que puede trabajar con objeto de realzarlas o fortalecerlas. Y al final verá cómo una vez que haya determinado tanto el bagua del edificio como el de cada una de las habitaciones de su interior, ¡tendrá en sus manos una sorprendente cantidad de zonas bagua con las que trabajar! No se sienta obligado a sacar el máximo partido de las zonas bagua de todas las habitaciones. *Empiece trabajando con las zonas asociadas a aquellos aspectos de su vida que desea mejorar.*

Por regla general, el bagua de cualquier edificio se considera más importante que el bagua de cada habitación tomado individualmente, pues el primero contiene mayor cantidad de chi estructural. No obstante, cuando se han vigorizado las zonas bagua de las habitaciones que contiene un edificio, el chi fluye espontáneamente de forma más dinámica y armoniosa, exaltando a las personas que habitan o trabajan en él.

Cómo conjugar el uso dado a cada estancia con el mapa bagua

Probablemente descubra que adaptar el uso que da a cada una de sus habitaciones al mapa bagua del edificio le resulte prácticamente imposible. En otras palabras, conseguir que su dormitorio se halle en la zona del amor y matrimonio, su despacho en la asociada a la carrera profesional o a la de la riqueza, la cocina en la zona de la salud y familia y el estudio en la de la creatividad no es tarea fácil, tal y como están estructuradas hoy en día la mayoría de las viviendas. Sería fantástico conseguirlo, pero tampoco se puede decir que tenga una importancia vital. Lo que sí es realmente importante es asegurarse de que las diferentes zonas de su hogar estén bien organizadas, y de que, de acuerdo con sus recursos, usted saque el máximo partido de aquellas en las que ha trabajado. Por ejemplo, si su dormitorio principal se halla en la zona bagua de su casa asociada con la riqueza y la prosperidad, lo más importante será colocar en ese espacio algún símbolo de riqueza, como un bonito jarrón de cristal o un edredón de aspecto costoso. ¿Qué ocurre si la zona asociada con el amor y el matrimonio está situada en el cuarto de baño? Pues nada en particular, ya que esta estancia es ideal para colocar en ella objetos que representen el amor, la sensualidad y la intimidad, como obras de arte de temas eróticos, velas perfumadas y toallas aterciopeladas. Todas las habitaciones, no importa el uso que se les dé, pueden contener un símbolo bagua con un significado personal esencial.

Zonas bagua perdidas o ausentes

Cuando alguna zona del mapa bagua cae fuera de la estructura del edificio, se considera perdida o ausente, aunque usted naturalmente deseará incluirla, ya sea literal o simbólicamente, en el conjunto de la estructura. Si su intención es reponer la zona que le falta a un edificio, puede completar su conformación construyendo en el lugar de la zona ausente una estructura que la remate, como un porche cubierto o una habitación adicional (véase figura 4). También pueden servir para este propósito revestimientos para el suelo a modo de terrazas, patios y cenadores o pérgolas, siempre que posean la suficiente consistencia estructural como para ser considerados parte del edificio. Refuerce estas estructuras decorándolas con colores y objetos relacionados con las zonas bagua que están completando. Por ejemplo, si se construye una terraza con un cenador en la zona de una casa relacionada con el amor y el matrimonio, sus moradores pueden añadir flores blancas, rosas y rojas; arte ornamental para jardines con pinturas que representen amantes; y también mobiliario de exterior de color blanco.

Figura 4

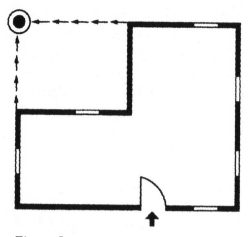

Figura 5

Asimismo puede completar una zona ausente utilizando añadidos simbólicos o que no cambien físicamente la forma de la casa. Para hacerlo, busque antes que nada el lugar en que la esquina del edificio se encontraría si este fuera cuadrado (véase la figura 5). Una vez hecho esto, llene esa zona con combinaciones de objetos estéticamente agradables y de tamaño grande, por ejemplo:

• Vallas.
• Un farol en el exterior de la casa.
• Un asta de bandera.
• Una zona ajardinada que incluya rocas y plantas grandes o árboles.
• Instalaciones de agua, como fuentes o saltos de agua.
• Esculturas.

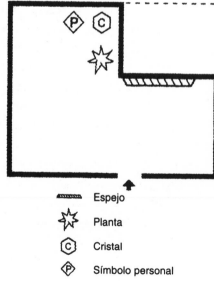

Espejo

Planta

Cristal

Símbolo personal

Figura 6

Si usted trabaja o vive en un edificio en el que falta una determinada zona bagua y no puede hacer nada para vigorizar la estructura desde el exterior, hay formas de trabajar simbólicamente la estructura desde dentro. Colocar un espejo en la pared o paredes más cercanas a la zona bagua ausente puede hacer que parezca que la escotadura o mella haya desaparecido, con la consecuente intensificación del flujo del chi (véase la sección A de la figura 6). Si existen ventanas en esa zona, cuelgue un cristal tallado redondo y coloque una bonita planta para vivificar y favorecer la circulación del chi (véase la sección B). También fortalecerá el chi si coloca sus amuletos personales para vigorizar el bagua. Las zonas ausentes hacen que sea aún más importante reforzar las zonas bagua correspondientes en el resto de habitaciones de la casa. Por ejemplo, si la zona relacionada con la riqueza cae fuera de la estructura de su edificio, deberá ocuparse de reforzar las zonas asociadas a la riqueza en todas las habitaciones para fortalecer y realzar el chi relacionado con la riqueza en su hogar.

Vivir de acuerdo con el mapa bagua y rodeado de las cosas que ama

Una vez que se haya familiarizado con el mapa bagua, eche un vistazo a su alrededor. ¿Ve cosas por las que siente cariño y aprecio? ¿Cosas que mantienen vivos sus sueños y le recuerdan sus esperanzas y sus objetivos en la vida? Haga mentalmente un inventario de lo que le rodea. Mientras mira a su alrededor pregúntese a sí mismo: ¿Qué es lo que amo de todo esto? ¿Qué objetos están asociados a recuerdos maravillosos? ¿Cuáles no poseen esas connotaciones? ¿Qué me hace sentir rico y poderoso, amado y alegre? ¿Qué objetos están asociados a la pobreza y a la impotencia? ¿Cuáles me traen buenos recuerdos y cuáles no?

La idea es identificar y observar dónde están localizados en su entorno los depresores del chi, es decir, los objetos que consumen su energía, o los vigorizadores, los objetos que la fortalecen. Hecho esto, observe su localización en las zonas bagua con las que quiere trabajar. Es muy frecuente encontrar un objeto debilitador del chi justo en medio de una zona bagua que usted intenta realzar. Una mujer se quejaba de que sus relaciones sentimentales no iban bien, cuando precisamente en la zona de su hogar asociada con el amor y el matrimonio se erguía un enorme reloj de pared que no funcionaba. Otra decía sentirse bloqueada en el aspecto creativo, y descubrió que la zona correspondiente a la creatividad y los hijos se encontraba en su garaje, donde había amontonado caóticamente todos los objetos que ya no necesitaba.

Fíjese en los lugares en los que los fortalecedores del chi están bien relacionados con el mapa bagua. A menudo esos objetos se hallan ubicados en zonas asociadas con aspectos de la vida que funcionan aceptablemente bien. Una pareja felizmente casada descubrió que habían colgado sus fotografías favoritas, en las que aparecían juntos, precisamente en la zona relacionada con el amor y el matrimonio. Un hombre que disfrutaba de un gran éxito profesional se dio cuenta de que había instalado su gran acuario en la zona asociada con su carrera profesional.

Clasificar sus posesiones siguiendo el criterio de lo que más ama y aprecia, y por tanto de lo que más fortalece y realza el chi, puede constituir un auténtico reto. Implica observar con sus ojos abiertos a la mirada del Feng Shui pertenencias cuyo significado nunca antes se había cuestionado. No deje de preguntarse: «¿Aprecio realmente esto; lo necesito en realidad?». Ejercitarse en este tipo de reflexión le ayudará a recordar que el chi contenido en cada objeto le está «hablando», produciendo un efecto sobre su estado de ánimo, constantemente. Asegúrese de rodearse de lisonjas y buenos augurios, no de quejas y sermones. Sus pertenencias materiales pueden ser una bendición si son cosas que le alimentan y fortalecen, o una auténtica maldición en caso contrario. Para muchas personas, sus posesiones se les amontonan de forma que no pueden deshacerse de ellas, hasta el punto de convertirse en algo «tóxico» y depresor del chi. Mantenga el chi fuerte y vivo en su entorno deshaciéndose de las cosas que no estima y rodeándose de aquellas que verdaderamente aprecia.

Usted puede configurar y moldear con sus propias manos y en perfecta armonía el mar de chi que fluye a través de los entornos en los que vive. El mapa bagua será su guía. Esté preparado. Por experiencia sé que su llamada en busca de un cambio positivo hallará siempre respuesta.

Reafirmaciones del propio entorno: cómo personalizar su forma de realzar el bagua

Cuando realce las zonas bagua de su hogar y puesto de trabajo mediante símbolos y elementos personales y positivamente significativos para usted, éstos se convertirán en poderosas «reafirmaciones del entorno», capaces de aumentar e intensificar el chi positivo en su vida. Sus reafirmaciones del entorno crean, tanto física como energéticamente el chi necesario para poner en movimiento las demandas de cambios en las que ha elegido concentrarse, ya se trate de incrementar la riqueza, alimentar el amor, ser más productivo en el trabajo, estimular la creatividad o mejorar su salud. Su reclamo se reforzará cada vez que observe o piense en todo aquello que realza su bagua, reafirmando una y otra vez que está usted preparado para ver hechos realidad los cambios positivos que anda buscando.

Puede empezar a trabajar con el mapa bagua utilizando una o varias de las herramientas básicas del Feng Shui que se detallan en el capítulo 8 (página 199). Para muchas personas, esas herramientas poseen o adquieren rápidamente un significado personal, y por lo tanto resultan eficaces para realzar sus zonas bagua. Pero antes de empezar a comprar cristales o campanas tubulares, consulte el apartado de los estimulantes personalizados al final de cada «caso en el que el bagua tuvo éxito». A continuación recorra su casa, y observe si ya tiene los elementos adecuados para realzar las zonas bagua con las que quiere trabajar. Por regla general, «todas las cosas adecuadas están ahí, aunque situadas en las zonas equivocadas».

Cuando no encuentre nada que pueda servirle para realzar una zona bagua que le está comunicando algo, considere la posibilidad de crearlo usted mismo. Puede dibujar, esculpir, construir, montar, escribir o pintar cualquier cosa que contenga su chi personal. Diviértase siendo innovador a la hora de realzar sus zonas bagua. Utilizar desde lo más hondo su talento creativo para dibujar puede ser una experiencia profunda, gratificante y de autorrealización. No olvide que cuanto más personal, es decir, cuanto más próximo y querido a su corazón sea el vigorizante del bagua, más imbuido de su chi personal estará, y por tanto más poderoso y eficaz resultará.

Si quiere realzar el bagua asociado con la riqueza y la prosperidad en su oficina, la zona relacionada con la creatividad en su estudio, o la zona correspondiente al amor en su hogar, le recomiendo que coloque algo allí de inmediato. No espere el momento adecuado para empezar a realzar su bagua. Aunque sólo se trate de colgar un cuadro hasta cierto punto significativo, ¡hágalo ahora mismo!

Todos los sitios son importantes: armarios, sótanos, desvanes, garajes

Puesto que las zonas bagua se encuentran por entero incluidas en la estructura en la que está trabajando, al menos una o dos se situarán inevitablemente en el garaje, el sótano, los armarios y el cuarto de baño. Pero eso no les resta importancia. El principio que hay que aplicar cuando se trata este aspecto es: «No hay ningún sitio que esconder». Puede que sea usted el único en ver el caos reinante en un armario o el desorden de un garaje, pero no olvide que es precisamente USTED quien sufre constantemente la influencia del chi existente en esos lugares.

Imagine que abre la puerta de un armario y ve que en su interior todo está pulcro y ordenado. Ahora imagine que abre ese mismo armario y encuentra su contenido revuelto caóticamente. Lo más probable es que sus reacciones a la vista de esas dos imágenes sean muy distintas. Añada a esto la conciencia de que ese armario se encuentra en una de sus zonas bagua, y que ejerce su influencia sobre la cualidad del chi que cotidianamente le envuelve. En el caso de que reine el caos en cualquier lugar de su hogar o su oficina, ha llegado el momento de poner orden…, de hacer inventario de sus pertenencias y de considerar el chi que emana de cada uno de esos objetos que forman parte de su vida.

La experiencia me ha enseñado hasta qué punto esa tarea puede convertirse en un auténtico desafío. Tendemos a acumular cosas que no utilizamos nunca por la razón que sea. Preguntarnos a nosotros mismos el porqué es crucial. Deténgase a contemplar el lugar de su casa en el que con más notoriedad almacena cosas de forma caótica y hágase dos preguntas: «¿Necesito realmente esto?» y «¿De veras le tengo cariño a esto otro?». La respuesta a por lo menos una de las dos preguntas, preferiblemente a las dos, debe ser afirmativa. Si guarda algún objeto porque le resulta útil en determinadas ocasiones o épocas del año, entonces lo que debe hacer es encontrarle un lugar pulcro y claramente definido. Pero si lo hace sencillamente porque no tiene la menor idea de qué hacer con ello, porque es un objeto que le desagrada, está estropeado, roto o no resulta adecuado para su hogar, entonces lo que debe hacer es dárselo a alguien, tirarlo a la basura, venderlo o repararlo. No lo olvide: este ejercicio de organizar sus cosas y deshacerse en caso necesario de las superfluas, tiene que ver directamente con limpiar el chi que le descarga de energía, que está estancado y que en definitiva resulta desfavorable para su hogar o su lugar de trabajo. Lo expuesto hasta ahora sirve para TODOS los lugares susceptibles de almacenar o guardar cosas, desde un garaje con espacio para tres coches hasta un joyero.

Cuando seleccione las pertenencias que realmente necesita y aprecia, en esencia estará exhalando el chi viejo y debilitante para inhalar en su lugar un chi fresco y vital; activando el saludable círculo de dar y recibir, creando un vacío que automáticamente se llene de algo que posee el chi fresco y vital que le favorece y nutre. Su entorno, una prolongación directa de usted mismo, empezará a respirar como si se tratara de un organismo sano, libre de toxinas y exceso de peso. Ser consciente de lo que realmente quiere conservar entre sus pertenencias y de lo que quiere dehacerse es una de las formas más eficaces y rápidas de crear su paraíso personal.

Irse por el desagüe: los cuartos de baño

Las expresiones: «Es como si lo hubiera echado al retrete (mi dinero, tiempo, etc.) y tirado de la cadena», o «Todo (el proyecto, matrimonio, etc.) acabó en la alcantarilla» hay que tomarlas muy en serio cuando se practica el Feng Shui en un intento de realzar el bagua. Las zonas situadas en los retretes y cuartos de baño pueden constituir una amenaza para el chi nutriente que fluye en un edificio. Los cuartos de baño tienen una función básica: eliminar los desechos humanos a través del lavabo, la bañera, la ducha y el retrete. Y cuando los desagües del cuarto de baño están abiertos, el chi que fluye por esa zona y sus alrededores tiende literalmente a escaparse por ellos. El retrete resulta especialmente problemático debido al tamaño de su abertura. Mantener cerrada la tapa cuando no se utiliza es realmente una obligación si se quiere mantener el flujo de chi vital en su casa o en su lugar de trabajo. Muchas personas cierran absolutamente todos los desagües del cuarto de baño cuando no lo utilizan.

Lo ideal, y perfectamente realizable, es que los cuartos de baño sean lugares placenteros en los que pasar ratos gratificantes; por eso se deben realzar con objetos y colores que sean de su gusto y que estén relacionados con la zona bagua en la que se hallan situados.

Cómo distribuir su mobiliario teniendo en cuenta el bagua

El mapa bagua se puede sobreponer y aplicar a cualquier tipo de estructura, desde enormes edificios a mesas minúsculas. Organizar superficies como el escritorio, el buró o la mesa según las directrices del bagua puede ser determinante para conseguir el éxito y la felicidad diaria. Como siempre, el bagua resulta más eficaz cuanto más estrecho y positivo sea su vínculo con los objetos que utiliza como estimulantes. Puesto que todos los objetos «le están hablando» constantemente, emplee ese concepto en su provecho, colocando las cosas adecuadas en los lugares adecuados. Las superficies de las que hablamos pueden convertirse en auténticos trabajos creativos de ingenio en la distribución de los objetos que se colocan sobre ellas, objetos atractivos y poderosos desde el punto de vista personal, capaces de equilibrar y reforzar el chi que emana de ellos y que los rodea. Para empezar, puede consultar el capítulo 8 (herramientas básicas del Feng Shui), los estimulantes personalizados que se citan al final de cada caso en el que el bagua tuvo éxito y las sugerencias que le proponemos a continuación. Recuerde que debe escoger objetos por los que sienta apego.

Tomemos el núcleo de su lugar de trabajo —el escritorio— como ejemplo. Coja el mapa bagua y extiéndalo sobre su mesa de trabajo. La «entrada» se sitúa en el lugar en el que usted se sienta, probablemente en la parte media frontal, la zona asociada a su carrera profesional. Desde su asiento, fíjese en la esquina izquierda del escritorio que le quede más alejada para localizar la zona asociada a la riqueza. A partir de ahí, puede seguir el mapa sobre el escritorio para determinar el resto de zonas bagua.

En la zona relacionada con la riqueza, puede colocar objetos que en general se asocian con la riqueza y la prosperidad, como una calculadora, una caja registradora o un recipiente con monedas. Probablemente también quiera poner ahí cosas directamente relacionadas con su riqueza y opulencia, como el primer billete de un dólar que ganó con su negocio, estampas o muestras de los productos que vende o una fotografía de su principal cliente. Otros objetos que se utilizan a menudo son simbólicos, como un pequeño adorno con agua, un bonito jarrón con flores, un paño de color rojo o un pisapapeles de cristal.

La parte central trasera de su escritorio corresponde a la zona de la fama y la reputación, el sitio perfecto para exponer diplomas, premios o títulos académicos. Existen otros objetos que simbólicamente pueden representar su fama y reputación, como una lámpara muy luminosa, una planta con flor o una cita enmarcada.

La zona asociada con el amor se encuentra en la esquina trasera derecha del escritorio. Se trata de un lugar fantástico para tener una fotografía de su amante o su cónyuge. Ahí puede colocar cualquier cosa que le recuerde su amor o su aventura sentimental, como un recuerdo de algún fin de semana muy especial, un cuadro romántico o dos flores en un jarrón blanco, rosa o rojo.

Le sigue la zona relacionada con la creatividad y los hijos, que se encuentra en la parte central derecha de la mesa. Ese es el sitio ideal para tener a la vista las fotografías de sus hijos. Si desea tener hijos, es el lugar perfecto para colocar una foto de un bebé o de un niño, sin excluir imágenes de cachorros de animales o capullos de flores. Otra posibilidad es utilizar objetos que de alguna manera simbolicen la creatividad, como botes con pinceles, lápices o rotuladores de colores llamativos. Ponga un dibujo enmarcado hecho por un niño, o fotografías de personas realizando trabajos creativos, como ceramistas, pintores y escultores.

La zona asociada con las personas útiles y serviciales y con los viajes, directamente a su derecha, es un lugar perfecto para el teléfono. Se puede realzar también colocando en ella recuerdos queridos de un viaje, fotografías de maestros o cualquier tipo de imágenes y calendarios espirituales o religiosos, así como máximas que para usted sean significativas.

Lo más habitual es que esté sentado en la zona relacionada con su carrera profesional y que tenga frente a usted un espacio libre para trabajar. Esta zona suele presentar un aspecto algo caótico y de cierto desorden mientras trabaja en sus diversos proyectos, encargos, etcétera. Lo más importante en ese punto es convertir el caos en orden, cíclica y regularmente. Permítase el lujo de hacer que ese ciclo se complete con la mayor frecuencia posible. En otras palabras, acabe con un trabajo, retírelo de la mesa y empiece de cero diariamente o con cierta regularidad, de modo que el chi de su tarea no se quede estancado bajo montones de papeles o material de trabajo.

La zona correspondiente al saber y la cultura es un lugar ideal para tener el trabajo al que se esté dedicando en ese momento, material de documentación y libros. También depositará en esa zona las cosas que representen sus conocimientos más recientemente adquiridos, ya se trate de esquí, meditación o de las clases a las que esté asistiendo en la escuela nocturna.

En cuanto a la zona que representa la salud y la familia, se encuentra en el lado izquierdo del escritorio, entre las áreas correspondientes a la riqueza y a la cultura. Ponga aquí las fotografías y las postales de familiares y amigos, también flores y plantas, o imágenes que le recuerden que tiene una salud de hierro y que está en buena forma física.

En algunos trabajos, el personal no puede disponer sus escritorios como quisiera. Son lugares en los que rigen reglas muy estrictas sobre lo que puede estar a la vista y lo que no. Pero incluso en esos casos, el bagua se puede fortalecer sutilmente como veremos a continuación. Mi amigo Sean trabajaba en un bufete de abogados muy formal y prestigioso en el que no estaba permitido poner objetos personales sobre los escritorios, así que para realzar su mesa de trabajo, colocó los expedientes en marcha y los ya cancelados en la zona relacionada con el saber y la cultura, una maceta con una lozana planta en la de la salud y la familia, la calculadora en el área correspondiente a la riqueza, un pisapapeles de una empresa en la zona relacionada con la fama y reputación, la lámpara en la del amor, sus bolígrafos y lápices en la asociada a la creatividad y el teléfono en el área correspondiente a las personas útiles y serviciales. Colocó un papel secante negro frente a él, en la zona relacionada con su carrera profesional, junto al ordenador. Bajo cada uno de esos objetos, puso una cinta del color asociado con las diferentes zonas bagua. Aunque estas pequeñas cintas no se veían, Sean sabía que se encontraban allí y sentía cómo aquellos colores fortalecían el chi favorable que fluía por su escritorio.

Como ve, no es tan difícil ordenar cualquier superficie, escritorio u otro tipo de mesa teniendo en cuenta el bagua. Todo su entorno puede estar salpicado de objetos con un significado especial —situados de acuerdo con el mapa bagua—, fortaleciendo y vivificando el chi vital que le rodea.

¿Puede el éxito cambiar tan radicalmente
a una persona de un día para otro?
¿Puede acaso hacer que uno se sienta más alto,
más vivo, más atractivo, dotado de un talento
extraordinario y tercamente poseído por la certeza
de que la vida será siempre así? ¡Puede hacerlo,
y lo hace!

MOSS HART

7

El éxito del bagua en la vida real

Los casos que se relatan a continuación ilustran algunos de los éxitos que mis clientes han obtenido trabajando con el mapa bagua en sus entornos. Se reseñan aquí para mostrar grosso modo cómo hay que trabajar con los principios del bagua y el Feng Shui. He escogido casos que muestran la rapidez —a veces verdaderamente espectacular— con que puede producirse un cambio positivo cuando se trabaja con la poderosa combinación de propósito y ubicación. Los hechos reales que relato evidencian que los cambios pueden resultar sorprendentes. Como ya he dicho antes, un cambio positivo en su vida que tenga que ver con la zona bagua con la que esté trabajando debe hacerse evidente antes de que pase un mes. ¡Pero si no es así, no abandone! Vuelva a fijarse en lo que ha colocado en la zona bagua que le interesa, y en el propósito que persigue, y decida qué puede cambiar o reforzar para que el conjunto mejore. Recuerde que usted es quien manda a la hora de determinar el chi de cualquier cosa viva, interrelacionada y dinámica que se encuentre en su entorno. Concéntrese en aquello que se propone conseguir, haga que el entorno le confirme constantemente su objetivo y espere a ver qué pasa.

El mapa bagua

SALUD Y FAMILIA

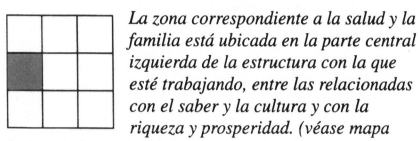

La zona correspondiente a la salud y la familia está ubicada en la parte central izquierda de la estructura con la que esté trabajando, entre las relacionadas con el saber y la cultura y con la riqueza y prosperidad. (véase mapa bagua de la página 97)

Las enseñanzas del I Ching relativas a la salud y la familia

Tanto la salud como la familia están asociadas al trigrama del *I Ching* llamado *Chen*, que suele traducirse por «La terrible influencia del trueno». La lección que contiene se refiere a la importancia de cultivar la fortaleza física y la salud y de mimar las relaciones familiares para soportar el peso necesario y tener la capacidad de asumir que hay que ser lo suficientemente fuerte para sostener el edificio cuando se pasa por periodos difíciles en la vida. El concepto de «familia» incluye tanto a los parientes de sangre como a los amigos cercanos. Gozar de buena salud y de unas relaciones familiares positivas garantizan en buena medida que seremos capaces de mantenernos a flote cuando vengan malas épocas. Contar con esa sólida base por lo que se refiere a la salud y la familia es como tener un auténtico trampolín para desarrollarse, crecer y alcanzar la felicidad en la vida. Cuanto más sanos estemos, más posibilidades tendremos de hacer ejercicio, practicar deportes, viajar, trabajar y disfrutar físicamente de la vida. De la misma manera, cuanto más sana sea nuestra relación con los amigos y la familia, más florecientes serán las oportunidades que nos brinden y su apoyo emocional. Según el *I Ching*, cuanto más saludables nos mantengamos físicamente y más sólidas sean nuestras relaciones emocionales, mejor aprovecharemos las buenas oportunidades y sobreviviremos a los malos tiempos.

Fortalezca las zonas relacionadas con la salud y la familia cuando:

- su salud necesite un estímulo;
- deba someterse a una intervención quirúrgica o se esté recuperando de ella;
- participe en competiciones deportivas;
- desee que su vida social y su «familia de amigos» crezca o mejore de alguna manera y
- desee mejorar la relación con sus parientes.

El bagua en acción: casos relacionados con la salud y la familia

COBERTIZOS Y MANSIONES

Joan acudió a mí porque estaba muy preocupada por la salud de su marido, Charles. Desde que se habían mudado a su nuevo hogar, hacía un año, cada vez se encontraba peor, y sólo hacía unos días se había visto obligado a dejar de trabajar y ahora se pasaba la mayor parte del tiempo metido en la cama. Cuando le pregunté a ella por su salud, admitió sentirse aletargada y haber perdido la energía que recordaba tener antes de su traslado. Concertamos una cita para el día siguiente.

Al llegar, me llamó la atención lo bonita que era su casa y lo bien equipada que estaba. Aun así, mi principal preocupación era examinar la zona de la casa relacionada con la salud y la familia, que para mi sorpresa estaba situada en un pequeño y oscuro «cobertizo», sin comunicación interior con el resto de la casa y desprovisto por completo de decoración; lo único que había allí era la caja del gato. Era un espacio claramente diferenciado del resto de la casa, ¡y

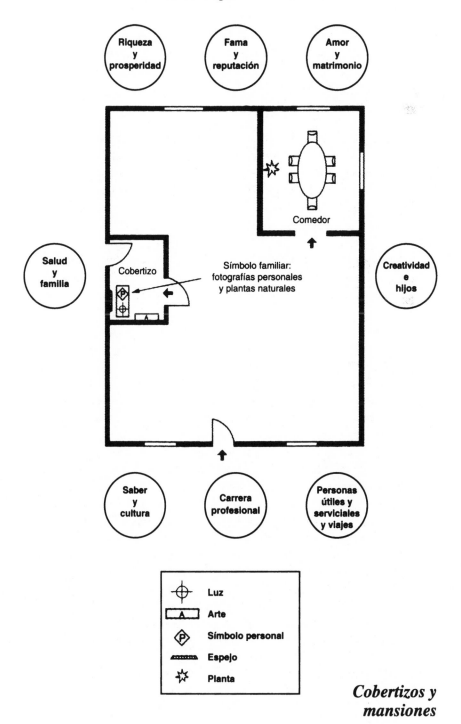

Cobertizos y mansiones

cómo olía! A pesar de que su preocupación era muy seria, Joan no pudo evitar echarse a reír cuando se dio cuenta de las condiciones en que se encontraba la zona de su casa asociada a la salud y la familia.

Procedimiento seguido y resultados:

Trasladamos la caja del gato al aseo que había en la planta baja y pusimos en el cobertizo una lámpara y una mesa de madera. Sobre la mesa colocamos flores frescas, que simbolizan una palpitante salud, así como una de las fotografías de la familia más queridas, representativa del amor familiar. Le sugerí a Joan que dejara la puerta abierta y la lámpara encendida para que les recordara constantemente, a ella y a su marido, que su estado de salud se estaba regenerando, hasta que notaran alguna mejoría. Para estimular el chi de forma que pudiera fluir libremente entrando y saliendo de esa zona, le pedí que colgara un espejo con un marco de madera encima de la mesa, y que dejara la puerta de acceso a la estancia abierta. En un intento de reforzar aún más el chi y de vigorizar aquel espacio, le propuse que eligieran para aquella habitación alguna pintura que ambos asociasen con una salud óptima y en la que estuvieran presentes todos los colores correspondientes a los cinco elementos. Consideramos la posibilidad, aunque fuera una medida de mayor envergadura, de tirar el tabique que separaba el cobertizo del espacio habitado por la familia para integrarlo así al resto de la casa.

A continuación recorrimos las demás estancias para examinar la zona asociada a la salud y la familia en cada una de las habitaciones y hablar de posibles mejoras. Joan decidió trasladar la planta más grande y bonita de la casa a la zona del comedor relacionada con la salud. Mientras íbamos pasando de habitación en habitación, comentó que tenía todas las cosas adecuadas pero colocadas en los lugares erróneos. ¡Apenas pudo esperar para empezar a mover cosas de un lado a otro!

La salud de Charles empezó a mejorar de inmediato. Creo que conseguimos «quitarle la astilla» que le atormentaba, con lo que dejó de verse afectado por el chi oscuro y estancado en la zona de su hogar asociada a la salud. Sustentado por todos los objetos personales relacionados con la salud y la familia que él y Joan repartieron por la casa «en los lugares correctos», Charles recuperó por completo su salud en el plazo de unos pocos meses. Y el letargo y la apatía de Joan se desvanecieron rápidamente en cuanto se lanzó de lleno a practicar una actividad que le encanta: ¡remodelar!

EL CUARTO DE BAÑO EN PISTA RÁPIDA

En 45 años, Carol había sufrido sólo tres torceduras. Se torció la muñeca, un dedo y el pie al caerse en tres ocasiones diferentes, y todas ellas en el curso de los últimos ocho meses. Sabía lo bastante acerca del Feng Shui como para imaginar que podía existir alguna relación entre su repentina torpeza y el hecho de que se había mudado a su hogar actual hacía nueve meses. Me pidió que le hiciera una visita.

A través de la mirada del Feng Shui, vi que Carol vivía en una casa prácticamente perfecta. Era cuadrada y conservaba todas las zonas bagua estructuralmente intactas. El garaje estaba situado en un edificio aparte, detrás, lo que hacía que la puerta frontal fuera la entrada que más destacaba. Su localización gozaba de la clásica configuración en forma de butaca: la casa se encontraba elevada con respecto a la calle y al abrigo de una colina por detrás y de setos ya crecidos a ambos lados. Todo era hasta tal punto perfecto desde el exterior, que sentía auténtica curiosidad por examinar la zona relacionada con la salud y la familia en el interior. Resultó ser la única, aunque importante turbulencia que perturbaba la armoniosa forma en que fluía el chi por todo el lugar. Allí estaba situado el único cuarto de baño de la vivienda, con la típica estructura de «para él y para ella», instalado entre dos dormitorios. Las dos habitaciones tenían acceso al cuarto de baño, y sus puertas se encontraban justo una enfrente de la otra.

—Esta distribución tiende a acelerar el chi cuando pasa a través del cuarto de baño, sobre todo si las puertas se dejan abiertas —le expliqué a Carol—. Vivir con un chi demasiado veloz puede hacer que tú también te muevas demasiado aprisa. ¿Qué estabas haciendo cuando te caíste?

Carol sonrió y asintió con la cabeza mientras hacía memoria de sus caídas.

—Es asombroso. En los tres casos estaba haciendo algo apresuradamente, sin fijarme ni tener cuidado. Y no me detuve en mi precipitación hasta que me caí. Bueno, ¿y ahora qué hago? ¡No puedo cambiar el cuarto de baño de sitio!

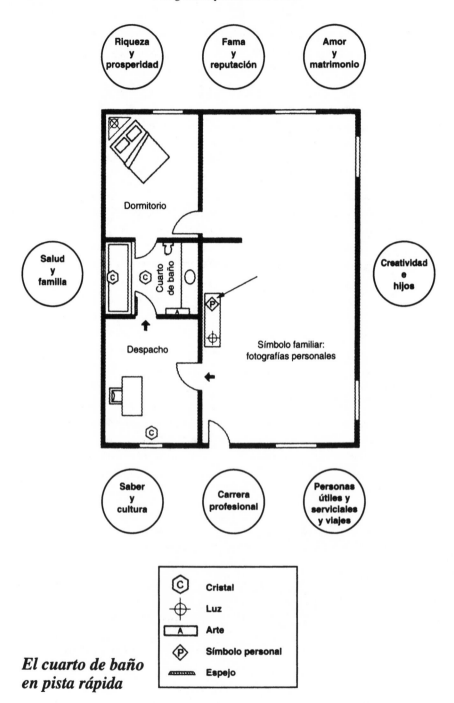

*El cuarto de baño
en pista rápida*

Procedimiento seguido y resultados:

Hablamos de las medidas que Carol podía adoptar en el cuarto de baño para equilibrar el chi. La primera, sería mantener las puertas cerradas la mayor parte de tiempo posible, lo que crearía tres áreas bien diferenciadas en las que podría fluir el chi, una en cada dormitorio y la tercera en el cuarto de baño, lo cual sería sin duda preferible al «río embravecido» que lo arrasaba todo a su paso cuando las puertas estaban abiertas.

En segundo lugar, debería tapar todos los desagües mientras no los utilizara, especialmente el del inodoro. Eso mantendría el chi alzado, dándole una oportunidad de circular por aquel espacio alimentándolo de energía. Para atraer mayor cantidad de chi vital hacia el cuarto de baño y garantizar su circulación, le sugerí que colgase dos cristales tallados de forma redonda, uno en la ventana para atraer el chi del exterior y el otro en el centro de la estancia para equilibrarlo entre las dos puertas. Los cristales también contribuirían a equilibrar el chi cuando se dejaran abiertas las puertas del cuarto de baño.

Observé el único cuadro que había allí colgado y le pregunté qué le parecía.

—Bueno, de alguna manera me sobraba cuando decoré el resto de la casa y decidí colgarlo ahí. A mí me parece que no está mal.

—Teniendo en cuenta que este cuarto de baño está situado en una zona crucial del bagua, yo te sugeriría que pusieras algo que consideres muy bueno, algo que realmente simbolice para ti la buena salud.

Carol se mostró inmediatamente dispuesta a cambiar el cuadro y salió del cuarto de baño con el otro bajo el brazo.

A continuación le recomendé que colocara un espejo de cuerpo entero en el lado externo de la puerta que comunicaba el cuarto de baño con el dormitorio de la parte frontal de la casa.

—Puesto que utilizas esta habitación como despacho —le dije—, el espejo estimulará el chi relacionado con tu capacidad de trabajo y acentuará tu creatividad. Por el contrario, yo no pondría un espejo en la puerta que da al dormitorio de la parte trasera. Ver algo en movimiento cuando estás medio dormida y necesitas levantarte durante la noche puede resultar muy inquietante. En tu despacho también podrías colocar un cristal tallado, colgado de la ventana frontal, para fortalecer aún más el chi relacionado con la salud y la familia.

Recorrimos el resto de la vivienda para examinar las zonas relacionadas con la salud y la familia en cada una de las habitaciones. En el salón, tenía una hermosa colección de lámparas. En un aparador situado en la zona asociada con la salud se encontraba la más pequeña de toda la colección.

—¿Cuál es tu lámpara favorita? —le pregunté.

—Aquella —dijo Carol señalando hacia la zona de la estancia correspondiente al saber y la cultura, donde había una lámpara montada sobre una bella escultura de bronce que representaba a una mujer con un ramo de flores.

—Te sugiero que la traslades a la zona asociada con la salud y que la dejes encendida todo el día durante algún tiempo —le dije—. Puede constituir tu reafirmación del propio entorno para alcanzar el estado ideal de salud y de cariño con tu familia y amigos.

Carol estuvo de acuerdo e inmediatamente trasladó su «dama curativa» a su nuevo emplazamiento en el aparador. Mientras hablábamos cambió asimismo de lugar su muestrario de fotos familiares, que se encontraba en la zona del salón relacionada con la carrera profesional, y las puso también en el aparador, creando así un bonito bodegón simbólico de la salud y la familia con la lámpara y las fotografías.

—Mis padres todavía están molestos conmigo por haberme trasladado a vivir a California —me explicó—. Su actitud llegó a colmar mi paciencia, pero me gustaría que volviéramos a vernos pronto.

Durante el mes siguiente, Carol colgó los cristales y el espejo, y realizó un precioso collage para el cuarto de baño utilizando imágenes que le traían a la mente la idea una salud inmejorable. Hablé con ella hace poco; habían pasado unos cuatro meses desde nuestro encuentro.

—Lo único que sé es que durante este tiempo he gozado de buena salud, y no he vuelto a caerme desde que estuviste aquí —me dijo—. Tengo la sensación de estar más tranquila en general; incluso mantuve la calma cuando mis padres vinieron a visitarme el mes pasado.

—¿Y qué tal fue con ellos? —quise saber.

—Mejor de lo que yo esperaba; se alojaron aquí, en mi casa, y lo pasamos muy bien juntos. Fíjate, mi padre nunca en su vida ha cerrado la tapa del inodoro, y ni él ni mi madre se acordaban de cerrar las puertas del cuarto de baño; pero, en nombre de las buenas relaciones familiares, dejé de intentar que se habituaran a seguir la rutina indicada por el Feng Shui, y me limité a cerrar la tapa del retrete y las puertas yo misma. Bien, pues ahora que están de vuelta en su casa, mamá me explica que mi padre ha adquirido el hábito de cerrar la tapa del wáter, y ella por su parte ha colgado un espejo en la parte exterior de la puerta. En realidad, están practicando el Feng Shui adecuadamente, y a mí eso me tiene encantada.

Reafirmaciones del propio entorno relativas a la salud y la familia

Puede utilizar uno de los siguientes elementos o una combinación de varios de ellos para optimizar de una manera personalizada la zona asociada a la salud y la familia:

- Plantas saludables de todo tipo.
- Flores frescas de todos los colores.
- Pósters, cuadros, collages, fotografías y estatuillas que representen la imagen de un cuerpo perfecto, de la familia y los amigos, plantas y flores o jardines y paisajes.
- Objetos de color azul o verde.
- Cualquier cosa hecha de madera, ya sean muebles u objetos decorativos.
- Todo tipo de estampados florales, en las toallas y cortinas, alfombrillas y papel de pared.
- Citas, sentencias y refranes relacionados con la buena salud y la familia.
- Cualquier otro objeto que personalmente asocie a la salud y la familia, como por ejemplo recuerdos, trofeos de atletismo, reliquias familiares, etcétera.

Sentencias útiles para favorecer la salud y la familia

Elija las sentencias que más le gusten de la lista que sigue, póngalas por escrito y distribúyalas por las zonas de su hogar, oficina, habitaciones o escritorio asociadas a la salud y la familia. También puede utilizarlas como guía para redactar sus propias afirmaciones.

Soy una persona vigorosa y llena de salud.

Mi salud es excelente en todos los sentidos.

Disfruto de una relación maravillosa con mi familia.

Gozo de relaciones verdaderamente armoniosas con mis amistades.

Tengo la gran fortuna de gozar de una inmejorable salud y de relaciones llenas de amor y cariño.

El mapa bagua

RIQUEZA Y PROSPERIDAD

La zona correspondiente a la riqueza y la prosperidad está ubicada en la parte trasera izquierda de la estructura con la que esté trabajando (véase mapa bagua en la página 97)

Las enseñanzas del I Ching relativas a la riqueza y la prosperidad

La riqueza y la prosperidad están asociadas al trigrama del *I Ching* llamado *Sun*, que suele traducirse por «La persistente influencia del viento». La lección que contiene está centrada en la acumulación honesta, segura y gradual de riqueza. Cuando, sin apresurarnos, nos dedicamos a «labrar» nuestra riqueza lenta, continua y persistentemente, actuando de acuerdo con las cualidades característicamente yin de la paciencia, la confianza y el autocontrol, lo que hacemos es construir una sólida base económica. Así, de forma muy similar a como el viento labra o da forma lentamente a una roca o a un árbol, tendremos mayores probabilidades de disfrutar del día a día y al mismo tiempo de asegurar económicamente nuestro futuro. Las aventuras demasiado arriesgadas son de naturaleza típicamente yang, y como los vientos fuertes, resultan imprevisibles. Tienen la capacidad de aportar ganancias fabulosas, pero también pérdidas devastadoras. Según el *I Ching*, la acumulación constante y gradual de riqueza es el mejor camino para tener garantizada la felicidad presente y futura.

Alcanzamos la felicidad de muchas formas. Resulta muy valioso tener buenos amigos, la familia, gozar de buena salud y realizarnos en el aspecto creativo. La forma ideal de conseguir y conservar las cosas que son valiosas para nosotros es comparable a la suave y persistente influencia de una cálida brisa. Cuando acariciamos la experiencia de gozar de riqueza y prosperidad en nuestras vidas, con todo lo que ello conlleva en cuanto a personas, lugares y objetos a los que tendremos acceso, entonces estamos viviendo de acuerdo con esta enseñanza del *I Ching*.

Fortalezca las zonas relacionadas con la riqueza y la prosperidad cuando:

- quiera manejar más dinero en efectivo en su vida diaria;
- esté acumulando cierta cantidad de dinero con un objetivo concreto, una ocasión especial o una determinada compra; o
- desee notar el influjo de la riqueza y la prosperidad en su vida en general.

El bagua en acción: casos relacionados con la riqueza y la prosperidad

LA FUENTE DE LA FORTUNA

Elaine se consideraba extraordinariamente afortunada por haber conseguido comprar una casa en el opulento barrio en el que siempre había querido vivir. Los propietarios anteriores se habían arruinado, por lo que habían tenido que bajar el precio de la vivienda hasta un nivel asequible para ella. Pero a pesar de que la casa contaba con elementos verdaderamente atractivos, Ealine sintió que no «vibraba» bien. Sabía que sus anteriores moradores habían pasado por graves dificultades económicas, y me pidió que le echara un vistazo antes de trasladar sus muebles allí. Después, cuando llegaron todas sus pertenencias, quiso que volviera para ayudarla a organizar el interior.

En cuanto vi la nueva casa, en forma de «L», y con la zona asociada a la riqueza situada en el patio trasero, en un lugar tan húme-

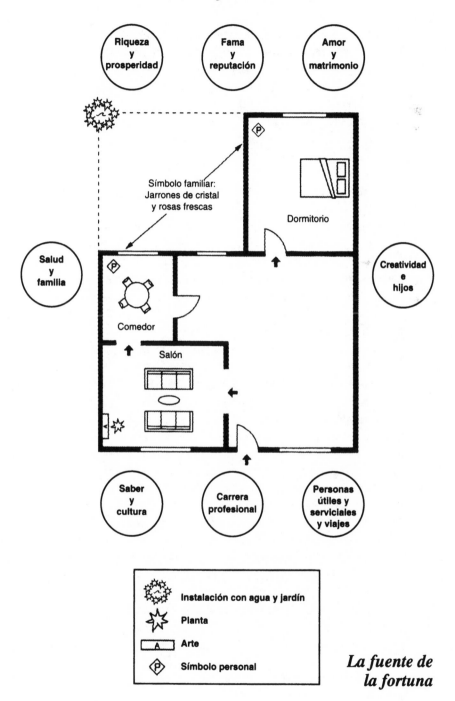

Riqueza y prosperidad

Fama y reputación

Amor y matrimonio

Símbolo familiar:
Jarrones de cristal
y rosas frescas

Dormitorio

Salud y familia

Creatividad e hijos

Comedor

Salón

Saber y cultura

Carrera profesional

Personas útiles y serviciales y viajes

Instalación con agua y jardín

Planta

Arte

Símbolo personal

La fuente de la fortuna

do que casi era pantanoso, de inmediato supe que sería necesario llevar a cabo cambios importantes de acuerdo con el bagua. Hablamos de la posibilidad de extender la superficie construida para otorgarle una forma cuadrada, pero eso suponía un proyecto de obras de gran envergadura, cuyo coste ella no podría afrontar antes de que pasara por lo menos un año. Con todo, sabíamos que había que hacer algo inmediatamente para modificar aquella disposición tan «ruinosa».

Procedimiento seguido y resultados:

Le sugerí instalar una estructura con agua de tamaño considerable en la zona relacionada con la riqueza para hacer que la forma de la casa fuera simbólicamente cuadrada y para que el chi se elevara y pudiera circular. Eso encajaba perfectamente con los planes de Elaine, y durante la semana siguiente, mientras la pintaban, instaló una fuente de metro y medio de altura con una escultura que representaba un ángel en la parte superior; también rodeó la base con un parterre en el que cultivó flores rojas, azules y violetas. En cuanto trasladó los muebles, volvimos a vernos y recorrimos toda la casa con objeto de fortalecer las zonas asociadas a la prosperidad en cada una de las habitaciones. Buscó entre sus cuadros, jarrones y objetos de cristal, eligió las piezas que le inspiraban sensaciones relacionadas con la riqueza y la prosperidad, y las colocó en las zonas correspondientes a la zona bagua asociada con la riqueza de cada habitación. Puso un jarrón de cristal con rosas frescas en la zona asociada con la riqueza de su dormitorio, como símbolo tanto de la prosperidad como del amor. Para acabar, colgó una campana tubular en la puerta principal para «atraer riqueza, oportunidades y buenos augurios».

Cuando terminamos, el chi del nuevo hogar de Elaine se había transformado, y para que no dejara de fluir, le sugerí que la fuente siguiera funcionando todo el día durante algún tiempo, y que la iluminara de forma que se pudiera ver bien por la noche.

Cuatro años después, Elaine continúa disfrutando de la vista y el sonido de su «jardín de la riqueza» gracias al bagua. Al contrario que los anteriores propietarios de la casa, su posición económica ha ido mejorando de forma constante. Continuamente aparecen en su vida nuevas oportunidades para aumentar su riqueza, garantizándole bienestar y una economía saneada.

CUARTOS DE BAÑO ATERCIOPELADOS

Cuando alquiló su apartamento, Helena sabía de antemano que iba a necesitar la ayuda del Feng Shui. El primero de los tres niveles en que estaba distribuido consistía en un pequeño y oscuro vestíbulo, del que partía una escalera de acceso a la segunda planta y en el que había tres puertas, la de la calle, la del garaje y la del armario ropero. Aunque no sabía explicar exactamente por qué, Helena tenía una extraña sensación respecto a la situación de los dos cuartos de baño. Resultó que ambos se encontraban en las zonas correspondientes a la riqueza de las plantas segunda y tercera.

Procedimiento seguido y resultados:

Para evitar que el chi de la casa se «derramase» hacia el exterior por la puerta principal, le sugerí que colgase un cristal tallado de forma redonda sobre la escalera de la planta baja y que instalara un espejo vertical en la puerta del ropero. Estos dos objetos contribuirían a elevar el chi y a hacerlo fluir de vuelta hacia los pisos superiores. Le indiqué que colgara el cristal a una altura de por lo menos dos metros por encima de la escalera, de forma que nadie tuviese la sensación de que iba a topar con él. También le pedí que colocara el espejo del ropero lo bastante alto como para que ni ella ni sus invitados se viesen la cabeza cortada al mirarse en él. El espejo daría además una mayor sensación de amplitud y luminosidad al vestíbulo.

—Si quieres conservar el chi realmente elevado, cuelga los cuadros que más te gusten en la pared que flanquea la escalera —le sugerí—. Tienen que alegrarte el corazón cada vez que los veas. Y no los dispongas siguiendo la línea descendente de la escalera. Elige piezas lo bastante grandes para que por sí mismas tracen una línea horizontal o bien fórmala alineando tú varios cuadros más pequeños.

En el tercer nivel, para evitar que la prosperidad de Helena se «escapase por los desagües», hablamos de la importancia de tapar todos los conductos de ambos cuartos de baño mientras no se utilizaran. Helena decidió hacerlo así con el lavabo y la ducha y cerrar siempre la tapa del inodoro.

—El chi fluye de forma muy parecida al agua, y tiende a bajar por cualquier vía de desagüe que encuentre, especialmente por una tan grande como la del inodoro —le expliqué.

—¡Pues te aseguro que ni una sola gota de mi chi vital será chupado fuera de esta casa! —afirmó ella.

Y hablaba en serio. Al día siguiente de nuestro encuentro instaló el espejo y el cristal en el vestíbulo. Aunque se trataba de una casa de alquiler, Helena decidió cambiar el viejo y oxidado desagüe de la bañera del cuarto de baño principal por otro nuevo que pudiera abrir y cerrar con facilidad. Proyectó decorar los dos cuartos de baño con vivos colores aterciopelados y con elegantes accesorios de latón.

Dos días después de nuestra conversación, Helena recibió un cheque que estaba esperando desde hacía más de un año. Le impresionó mucho que llegara justo después de que colocara el cristal y el espejo que aconsejaba el bagua en el vestíbulo. Podía ser sólo una coincidencia, pensó, o una señal de que su chi relacionado con la riqueza estaba empezando realmente a fluir. Contrató a un fontanero para que cambiara el desagüe de la bañera y ella misma se puso manos a la obra para embellecer los dos cuartos de baño con los colores y accesorios que la hacían sentir rica y rodeada de lujo. Tres días después de haber cambiado el desagüe, recibió un sustancioso cheque del fideicomiso de sus padres, un fondo que supuestamente estaba agotado desde hacía meses. Me llamó inmediatamente para comunicarme las buenas noticias.

—Es asombroso —exclamó—. ¡No me imaginaba que el Feng Shui pudiera obtener resultados tan lucrativos!

—La clave está en tu afán de mejorar tu hogar hasta el máximo de sus posibilidades —le dije—. Cuando modelas el chi de forma que fluye armoniosamente a tu alrededor, suceden cosas agradables... , ¡y en tu caso, monetariamente agradables!

NUEVO HOGAR, NUEVAS ALTERNATIVAS

Conocí a Sandy cuando me pidió que examinase la casa que estaba intentando vender. Aquella vivienda no le había traído más que problemas, siempre con goteras y humedades, y ahora además, estaba llena de recuerdos desagradables. Su matrimonio había acabado allí. Ella y su hija querían empezar una nueva vida en otra casa.

La entrada para coches estaba en una pendiente cuesta abajo, de forma que la casa quedaba bastante por debajo del nivel de la calle y sumida perpetuamente en la sombra. Examiné la forma global de la vivienda y comprobé que carecía tanto de la zona relacionada con la riqueza como de la relativa al amor y el matrimonio. La que correspondía a la fama y la reputación sobresalía como una especie de península en el patio trasero.

—Imagino que gozas de muy buena reputación en el trabajo y en el vecindario —me aventuré a decir. Sandy se me quedó mirando un poco sorprendida:

—Bueno, sí, creo que sí. Dedico mucha energía a las sociedades benéficas locales, y sé que estoy muy bien considerada en el trabajo, ¿por qué?

Le expliqué que la zona asociada a la fama y la reputación estaba representada por el porche cubierto que había en la parte trasera de la casa, mientras que la zona relacionada con la riqueza yacía en el centro de patio, y la correspondiente al matrimonio estaba en una descuidada pendiente en el mismo sitio.

—Has dado en el clavo —me dijo con el ceño fruncido—. No me extraña que mi situación económica esté siempre al límite. Gasto más dinero del que gano, ¡y suelen ser gastos generados por esta casa! En cuanto al amor y el matrimonio, no quiero ni hablar de ello. Bueno, y entonces, ¿qué tengo que hacer ahora al respecto? Lo único que quiero es vender esta casa y marcharme de aquí.

Dedicamos toda una hora a planear posibles soluciones para mejorar las dos zonas perdidas. Por lo que respecta a la zona de la riqueza, decidimos que poner unas cuantas jardineras grandes con flores de brillantes colores y palmas sería suficiente para afianzar y estabilizar el chi relacionado con la prosperidad. En la zona correspondiente al amor, la instalación de un comedero para pájaros de un tamaño considerable atraería vida y el chi asociado a ese espacio, mientras que algunos helechos y amarantos u otras flores que viven bien en la sombra le conferirían mayor brillantez. Sandy se dio cuenta de que debería hacer construir unos cuantos escalones que permitieran acceder sin peligro a la parte más baja de la propiedad.

Para elevar el chi condicionado por la ubicación hundida de la casa con respecto a la calle, le sugerí que añadiera un par de cosas al tejado. Una de ellas era una llamativa veleta en forma de pájaro; la otra, luces que iluminaran las cuatro esquinas principales del tejado. El aspecto general del camino de entrada hasta la puerta principal necesitaba montones de flores rojas y amarillas, que aportarían los elementos tierra y fuego, fortalecerían el chi y equilibrarían la apariencia cenagosa y húmeda de la parte frontal de la casa. Todo eso contribuiría a paliar su situación medio escondida y llamaría la atención de los posibles compradores.

Una semana más tarde, volvimos a quedar para ir a ver dos casas que le gustaban. Una de ellas la descartamos de inmediato, puesto que desde el punto de vista del Feng Shui exigía cambios y reformas abrumadores. La otra me pareció especialmente interesante. Tenía exactamente la misma estructura que la casa que quería vender, aunque se encontraba situada a nivel de la calle. También carecía de las zonas relacionadas con la riqueza y con el amor y el matrimonio, mientras que la zona correspondiente a la fama y la reputación destacaba en la parte trasera, esta vez en forma de una habitación añadida. Sandy estaba encantada con los aspectos positivos —ubicación, vistas, y atmósfera en general—, y estaba dispuesta a resolver los problemas que desde el punto de vista del bagua pudiera presentar.

—Quiero que esta casa funcione. ¿Qué tengo que hacer?

Examinamos minuciosamente cada rincón. Una considerable superficie de la parte trasera de la casa había sido cubierta, de tal forma que la zona asociada al amor quedaba mínimamente definida. Pero el área correspondiente a la riqueza no se había incluido en absoluto cuando se construyó el tejadillo, por lo que había quedado fuera, en un extremo que hacía pendiente y acababa en una hondonada.

—Me recuerda a la zona relacionada con la riqueza de la casa que has puesto en venta —le dije.

—Pues habrá que cambiarlo —replicó Sandy—. ¡No estoy dispuesta a dejar que mi economía se despeñe por esa ladera! ¿Qué debo hacer para arreglarlo?

Procedimiento seguido y resultados:

Lo pensamos hasta dar con una solución que resultara viable. En primer lugar, Sandy debería rellenar con tierra aquel terraplén hasta ponerlo al mismo nivel que la casa. A continuación, lo haría pavimentar, con objeto de obtener la influencia estabilizadora y sólida del elemento tierra, dejando un espacio para instalar una fuente al aire libre, macetas con flores y un banco. Tenía que encontrar una fuente que le gustara y que tuviera por lo menos metro y medio de altura para equilibrar la zona relacionada con la riqueza. El banco serviría para invitar a la gente a acercarse hasta la zona correspondiente a la riqueza y hacer que les apeteciera detenerse allí un rato.

Durante varias semanas después de nuestro encuentro, Sandy recorrió un montón de tiendas en busca de la fuente adecuada. Finalmente dio con ella y la instaló en su nuevo patio recién pavimentado. Dos días después, realizó una operación que le proporcionó las mayores ganancias económicas que jamás había obtenido. Estaba estupefacta y, según me dijo por teléfono, casi asustada.

—¡No me avisaste de que tuviera efectos tan inmediatos! —exclamó.

—Bueno, nunca puedo saber con absoluta seguridad lo que va a pasar —respondí—. Lo único que sé es que si realzas la zona bagua que te interesa de forma correcta, obtienes resultados rápidamente.

Sandy permaneció en silencio un instante. Luego dijo:

—Creo que no voy a tocar la zona correspondiente al amor por algún tiempo. ¡No estoy preparada para ver lo que pasa si me pongo a realzar esa zona!

Reafirmaciones del propio entorno relativas a la riqueza y la prosperidad

Elija uno de los siguientes elementos o una combinación de varios de ellos para optimizar de una manera personalizada la zona asociada a la riqueza y la prosperidad:

- Objetos que «atraigan el chi», como campanas tubulares, mangas de viento, molinetes y banderolas.
- Pertenencias y colecciones valiosas, como antigüedades, cuadros, esculturas, monedas y cristalerías.
- Pósters, pinturas, collages, fotografías y estatuillas que representen cosas que se desee poseer: casas, coches, barcos, el equipo ne-

cesario para una determinada actividad, joyas, etcétera. Eso le proporcionará una intensa sensación de riqueza y abundancia.

• Objetos azules, púrpura y rojos.

• Plantas saludables, sobre todo las de hojas lustrosas, redondeadas y con forma de moneda, como el jade, las impatiens o las begonias; plantas que den flores de los colores propios de la riqueza —rojos, púrpuras y azules—, como la gloxinia, el ciclamen, la begonia, la violeta africana, la kalanchoe y el crisantemo.

• Flores frescas o de seda de color rojo, púrpura o azul en todas sus tonalidades.

• Instalaciones de agua, como fuentes o saltos de agua, que simbolizan la prosperidad y un abundante flujo de dinero.

• Citas, sentencias y refranes relacionados con la riqueza y la prosperidad.

• Objetos que personalmente asocie a la riqueza y la prosperidad, tales como el primer billete ganado en un nuevo negocio, la moneda extranjera traída de un viaje que fue un éxito, etcétera.

Sentencias útiles para favorecer la riqueza y la prosperidad

Escoja entre las sentencias que le proponemos a continuación las que más se identifiquen con usted, póngalas por escrito y colóquelas en la zona de su hogar, oficina, habitación, escritorio o cualquier otro espacio bagua con el que esté trabajando correspondiente a la riqueza y la prosperidad. También puede utilizarlas simplemente como guía para redactar sus propias afirmaciones personales en lo que se refiere a la riqueza, la abundancia y la prosperidad.

Soy rico y próspero en todos los sentidos.

La riqueza y la prosperidad fluyen generosamente en mi vida.

Los más valiosos tesoros de la vida —la salud, la riqueza y la felicidad— florecen constantemente en la mía.

La riqueza y la prosperidad se manifiestan fácil y gozosamente en mi vida, ahora y siempre.

Gozo de la bendición de que el dinero fluya constante y abundantemente en mi vida.

El mapa bagua

FAMA Y REPUTACIÓN

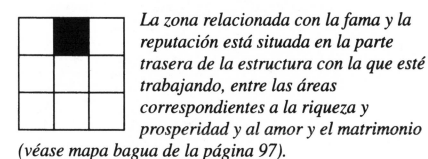

La zona relacionada con la fama y la reputación está situada en la parte trasera de la estructura con la que esté trabajando, entre las áreas correspondientes a la riqueza y prosperidad y al amor y el matrimonio (véase mapa bagua de la página 97).

Las enseñanzas del I Ching relativas a la fama y la reputación

La fama y la reputación están asociadas al trigrama del *I Ching* llamado *Li*, que suele traducirse por «El fuego intenso del sol y el relámpago». Una de las características del fuego es que envuelve y abraza irremisiblemente aquello que está consumiendo; algo parecido ocurre de forma natural con nuestra fama y reputación en la sociedad en que vivimos. Ya sea buena o mala, es poco menos que imposible sacudirse de encima sin más la reputación que tengamos. Nos envuelve estrechamente, y hace que en los corazones y el juicio de los demás, nuestra imagen se asocie con un cálido afecto o bien esté envuelta en llamas, quemada. Si cultivamos una buena reputación, surgirán a nuestro alrededor relaciones amistosas, lo que significa gozar de inmejorables condiciones para esperar un futuro tranquilo y dichoso. Cuando en nuestra vida existen dependencias recíprocas, es decir, cuando damos y recibimos apoyo y ayuda, la buena reputación está garantizada. Y eso abre nuestro mundo a las relaciones sinérgicas y a las oportunidades propicias que sólo acontecen cuando imperan la confianza y la honradez. Nuestra vida estará «iluminada» por la buena voluntad. Dicho con sencillez, lo más inteligente que uno puede hacer es cultivar las buenas relaciones en la comunidad en que vive. Si preferimos «quemar las naves» y no preocuparnos de crearnos una buena reputación entre nuestras amistades y en la comunidad en que vivimos, estaremos poniendo en peligro nuestro futuro. A la larga, podemos encontrarnos solos y tratados con recelo y desconfianza, y por lo tanto, abandonados y sin poder contar con el respaldo de nadie. El *I Ching* nos advierte que debemos ser conscientes y estar atentos a la fama que nos creamos; lo lógico y natural es que esa fama nos acompañe durante mucho tiempo.

Fortalezca las zonas relacionadas con la fama y la reputación cuando:

- desee obtener un mayor reconocimiento en el trabajo o en el hogar;
- quiera crearse una buena reputación en la comunidad donde vive; o
- ser muy conocido por algo que usted hace.

El bagua en acción: casos relacionados con la fama y la reputación

ESPEJITO, ESPEJITO, EN LA PARED...

Lee llevaba aproximadamente un año viviendo con su hijo de doce años en una casita de campo rodeada de tierra de labrantío. Su vida en general le iba a las mil maravillas. Su hijo tenía buenas notas en la escuela, y juntos compartían montones de proyectos creativos; además, ella gozaba de una excelente salud. Sin embargo, era consciente de que con sus capacidades como redactora técnica debería tener más oportunidades de participar en proyectos interesantes. Pero, al parecer, su jefe había olvidado hasta dónde llegaba su talento y le encargaba trabajos que estaban bastante por debajo de sus posibilidades. No hacía mucho que había presentado solicitudes de trabajo en un buen número de empresas, y ninguna de ellas había manifestado el mínimo interés, a pesar de que ella había expuesto muestras de sus mejores trabajos.

—Antes de que nos mudásemos a esta nueva casa tenía una cantidad de ofertas de trabajo abrumadora —me dijo Lee—. ¡Por favor, ven a verme y explícame qué ha pasado!

Lo primero que constaté al llegar fue que la casita de Lee tenía la forma de un rectángulo perfecto. Todas las habitaciones eran muy acogedoras y estaban llenas de fotografías de los seres queridos colgadas de la pared o colocadas en estanterías. Pero cuando entré en el cuarto de baño, justamente en la zona relacionada con la fama y la reputación, comprendí dónde estaba el problema. A diferencia del resto de la casa, el cuarto de baño necesitaba bastantes arreglos. Las paredes eran una especie de mapa elaborado con pedazos de papel medio desprendido y manchas de humedad. Un intenso olor a moho invadía la estancia. Pero lo que con más urgencia necesitaba ser cambiado de lugar era el botiquín con su puerta de espejo. Estaba colgado sobre el inodoro y tan bajo que, cuando quise mirarme en él, vi que me cortaba la imagen a la altura del pecho. Entonces le pedí que se mirara ella. Su imagen se veía limpiamente sajada a la altura de la garganta.

—¿Utilizas este espejo? —le pregunté.

—Sí, claro, sólo tengo que agacharme un poco para verme bien —al tiempo que pronunciaba estas palabras, a Lee se le abrieron los ojos como platos, como si estuviera descubriendo algo sorprendente—. ¿No querrás decir que el hecho de que tenga que agacharme cada día para mirarme en el espejo tiene algo que ver con...? ¡Caray!, ¿qué podemos hacer?

Procedimiento seguido y resultados:

Lee cogió una toalla y la colgó del botiquín de forma que cubriera el espejo. El chi de la estancia mejoró de inmediato. Le sugerí que lo desmontara y lo reemplazara por un cuadro que para ella personalmente simbolizara la fama y la reputación. Pensó en una fotografía en la que se viera un papel de calidad y una estilográfica enmarcada con una moldura de color rojo intenso. Yo, por mi parte, sugerí también que cambiara los revestimientos tanto del suelo como de las paredes lo antes posible, y que al hacerlo no dejara de tener en cuenta que el color rojo, en todos sus matices, resulta siempre favorable para la zona relacionada con la fama. Después de todo, aquél era su «paraninfo de la fama», y necesitaba ser colmado de chi cálido y vigoroso. Le recordé que debía cuidar de mantener siempre la tapa del inodoro cerrada, y le aconsejé que cerrara también los desagües del lavabo y de la ducha cuando no los tuviera que utilizar para evitar que el chi «fuera a parar a la alcantarilla». Luego hablamos de la iluminación. Sólo había una lámpara, en el techo, que dejaba el espejo del lavabo en semipenumbra. Decidió instalar luces enfocadas directamente hacia el espejo y disfrutar todos los días de la posibilidad de mirarse en él sin tener que agacharse.

En el curso de las dos semanas siguientes, transformó totalmente el cuarto de baño, y mientras trabajaba en las reformas, se fue dando cuenta de hasta qué punto se había empezado a sentir más y más «pequeña», teniendo que agacharse todos los días ante un espejo diminuto y bajo, a la luz de una tenue bombilla. Decidió hacer un collage utilizando fotografías en las que aparecía ella con otras personas, lo enmarcó en rojo y lo colgó en el lugar donde había estado el botiquín. Cambió la moqueta, arrancó el papel de las paredes y las pintó de blanco satinado; compró toallas nuevas de color rojo. También instaló tres pequeños focos direccionales para iluminar el espejo que había sobre el lavabo. Algunas semanas más tarde le llegó una oferta «como caída del cielo». La contrataron para diseñar y redactar el plan de estudios de una escuela privada progresista..., un proyecto que para ella suponía un desafío profesional, aparte de resultar lucrativo. Durante el tiempo que estuvo trabajando en ese plan de estudios, se relacionó con personas que reconocieron su valía y la contrataron para desarrollar otro proyecto educativo. Lee encontró una buena colocación y recuperó su merecida reputación como redactora técnica.

DEMASIADO Y DEMASIADO BUENO

Sharon acudió a mí porque un amigo le sugirió que quizás el Feng Shui le ayudaría a solucionar su dilema. Al parecer, cuanto más famosa se hacía ella, más infeliz se sentía su esposo Al. Habían llegado a un punto en que un matrimonio que llevaba más de 20 años funcionando empezaba a resentirse.

—Él me dice que si por lo menos ganara tanto dinero como fama se sentiría más feliz —se lamentaba en nuestra entrevista previa, antes de examinar la casa desde el punto de vista del Feng Shui.

—¿Por qué te estás haciendo tan famosa? —le pregunté.

—Cocina californiana —me respondió—. He escrito varios libros de cocina y recibo constantemente invitaciones para firmar mis libros o para participar en programas de radio. Además, doy clases culinarias aquí, en casa. Por eso reformamos la cocina.

La luz de alarma que el Feng Shui ha incorporado a mi mente empezó a parpadear.

—Echemos un vistazo a tu cocina —propuse.

Recorrimos su inmensa cocina. Era casi seguro que la casa había tenido previamente forma rectangular, y que se había «hinchado» en la zona relacionada con la fama y la reputación cuando se remodeló la cocina. Eso había dejado las zonas asociadas a la riqueza y la prosperidad y al amor y al matrimonio medio escondidas más atrás, y no se había añadido ninguna estructura, ya fuera real o simbólica, que las mantuviera en el lugar adecuado.

Le expliqué lo que había observado. Sharon se mostró muy irritada.

—Sabía que teníamos que haber ampliado toda la parte trasera de la casa, pero no parecía existir ninguna buena razón para ello y hubiera resultado mucho más caro. Pero ahora es obvio que debo conseguir que las cosas me vayan económicamente tan bien como antes de que reformáramos la cocina. La gente me escucha o me ve en alguna parte y quiere que le dé clases con descuento, o incluso gratis. ¡Cada vez me explican más historias sentimentaloides que casi me obligan a hacerlo gratis!

—Tu casa sustenta ahora tu fama y tu reputación, pero no tu cartera, y la gente responde en consecuencia —comenté—. Pero en realidad es un problema fácil de solucionar. Tú y tu marido tenéis que reforzar las dos zonas que se quedaron descolgadas cuando reformaste la cocina.

Al se reunió con nosotras y discutimos las posibles alternativas. A los dos les gustó enseguida la idea de completar las zonas correspondientes a la riqueza y al amor con simples patios de cemento cubiertos por pérgolas. El anexo hecho en la cocina ya tenía puertas que daban al césped de la parte posterior de la casa. Ahora esas puertas darían a las «habitaciones» del patio trasero. Las pérgolas proporcionarían cierta solidez estructural, la sombra que resultaba imprescindible y un lugar ideal para que creciera un emparrado. Les sugerí que cultivaran dos plantas trepadoras idénticas en la zona relacionada con el amor, plantas cuyas flores despidieran una intensa fragancia, como por ejemplo el jazmín, y que las dejaran entrelazarse en la pérgola. Para la zona correspondiente a la riqueza sería mejor un emparrado cuya floración la inundara de colores púrpuras y rojos.

Examinamos el resto de la casa. Estaba limpia y decorada con buen gusto, y el chi fluía en general armoniosamente entre las diferentes estancias.

La habitación de matrimonio la habían decorado en azul, y los muebles eran de madera oscura. En la habitación en que descansaban y se entregaban a la intimidad dominaba el elemento madera, y todo estaba palpablemente cubierto de cierta frialdad. Les sugerí que introdujeran colores pastel, por ejemplo melocotón, rosa o albaricoque, para reforzar los elementos metal y fuego, con lo que equilibrarían básicamente la estancia. Podían empezar por cambiar la ropa de cama y añadir unos cuantos almohadones a la moda, de colores cálidos para que la habitación resultara más acogedora; con el tiempo podrían plantearse la posibilidad de pintar también las paredes de un color cálido.

Finalizamos nuestra sesión examinando los cuadros que tenían en el salón. Era evidente que a ambos les gustaban las piezas que habían elegido y se sentían felices de explicarme las circunstancias en que habían adquirido cada obra. Al despedirme, noté que Al abrazaba a Sharon. Buena señal.

Procedimiento seguido y resultados:

Al puso manos a la obra en el proyecto del patio sin pérdida de tiempo, y en un mes lo tuvo listo. Entre él y Sharon plantaron los emparrados y decoraron los patios con macetas de flores y un sencillo mobiliario de jardín. Poco tiempo después, la vida de Al dio laboralmente un giro inesperado. Le ofrecieron un trabajo bastante lucrativo que le exigió trasladarse a trabajar a otra ciudad durante seis meses. Hablé con Sharon por esa época. Estaba disfrutando del cambio verdaderamente positivo que había supuesto el traslado temporal de su marido.

—Viene casi todos los fines de semana, y siempre es como una especie de luna de miel. ¡Nuestra vida amorosa no había sido tan intensa desde hacía años! Durante la semana los dos estamos muy ocupados —Sharon estuvo charlando sin parar un buen rato—. Puedo dar mis clases de cocina en casa por las tardes sin interferir en su vida. Es realmente estupendo. Además, he transformado nuestro dormitorio en un nido de amor para los fines de semana. Te alegrará saber que casi he eliminado por completo el color azul de esa habitación.

Reafirmaciones del propio entorno relativas a la fama y la reputación

Elija uno de los siguientes elementos o una combinación de varios de ellos para optimizar de una manera personalizada la zona correspondiente a la fama y la reputación:

- Diplomas, galardones, premios y reconocimientos.
- Objetos procedentes de animales, como cuero, plumas, lana o hueso.
- Pósters, pinturas, collages, fotografías y estatuillas que representen animales, personas o salidas de sol, y de sus personajes famosos favoritos.
- Objetos del espectro de colores del rojo.
- Objetos de forma triangular, cónica o piramidal.
- Cualquier iluminación cálida, desde la luz del sol hasta velas, luz eléctrica o lámparas de aceite.
- Citas, sentencias y refranes relacionados con la fama y la reputación.
- Objetos que personalmente asocie a la fama y la reputación, como premios, diplomas, trofeos, etcétera

Sentencias útiles para favorecer la fama y la reputación

Cuento con el reconocimiento y el respeto de las personas con las que trabajo, por la labor que desarrollo.

Gozo del apoyo entusiasta de las personas de la comunidad en la que vivo para realizar mis propósitos.

Soy bien conocido y respetado por mis habilidades, mi talento y mis logros.

Mi reputación de persona honesta, en la que se puede confiar, y humanitaria aumenta cada día que pasa.

El mapa bagua

AMOR Y MATRIMONIO

La zona correspondiente al amor y el matrimonio está ubicada en la parte trasera derecha de la estructura con la que esté trabajando (véase mapa bagua en la página 97)

Las enseñanzas del I Ching relativas al amor y el matrmonio

El amor y el matrimonio se encuentran bajo el dominio de *Khwan*, el trigrama del *I Ching* que suele traducirse por «La tierra dócil y receptiva». Puesto que se trata del trigrama más yin, o tierno y amoroso, *Khwan* está asociado a la adaptabilidad, la lealtad y el apoyo incondicional, cualidades que encontramos en el verdadero amor y en los matrimonios felices. Las relaciones amorosas prosperan sólo cuando se basan en la sensibilidad y la ternura, cuando los dos se apoyan mutuamente y permiten que su compañero pueda expresarse y realizarse plenamente. Las enseñanzas del *I Ching* muestran que cuando AMBOS componentes de una pareja confían el uno en el otro y permiten que cada cual pueda desarrollarse y seguir su camino personal, entonces surge un bienestar tierno y amoroso que bendice su relación y garantiza la felicidad.

También obtendrá ese mismo sustento y apoyo cuando consiga amarse plenamente a sí mismo. Tómese su tiempo para reflexionar acerca de lo que necesita y permítase la satisfacción de regalárselo; puede tratarse de tomar un baño caliente, de matricularse en un determinado curso o de pasar un fin de semana de acampada en la montaña. De esta forma seguirá su propio camino y aceptará de buena gana lo que le puede ofrecer la única persona a la que conocerá íntimamente desde su nacimiento hasta su muerte: USTED MISMO.

Fortalezca las zonas relacionadas con el amor y el matrimonio cuando:

- desee encontrar una nueva relación amorosa;
- quiera mejorar la relación que tiene en ese momento; o
- esté desarrollando o mejorando una saludable y feliz relación consigo mismo.

El bagua en acción: casos relacionados con el amor y el matrimonio

LUZ DE AMOR

Donna y Jay compartían casa..., y también el mismo dilema. ¡Ninguno de los dos parecía capaz de conseguir una cita! Ambos eran atractivos y estaban deseosos de hacer nuevas amistades, pero cada vez que uno de ellos conocía a una posible pareja surgía algún inconveniente.

—He descubierto que está casado...

—Me ha dicho que está comprometida...

—Está saliendo con otras tres mujeres, ¡y una de ellas es mi mejor amiga!

—Estaba esperando a su novio cuando nos conocimos...

Sus experiencias de citas malogradas parecían no tener fin.

Un dato interesante que habría que tener en cuenta era el hecho de que Donna había comprado aquella casa con su ex marido y decidido añadir a la estructura original una habitación de matrimonio. Menos de un año después de que la nueva alcoba estuviera terminada, ya se habían separado. No sabían que al remodelar su casa dándole forma de «L», habían modificado radicalmente la planta de su hogar y eso había afectado al bagua. La zona correspondiente al amor y el matrimonio había quedado relegada al patio trasero, don-

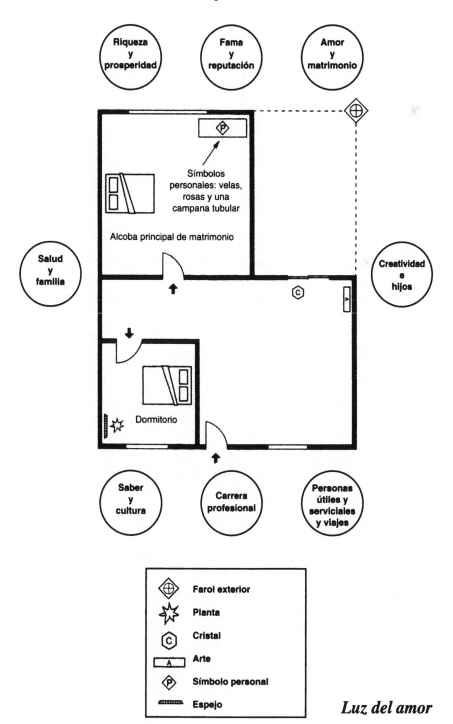

Riqueza y prosperidad

Fama y reputación

Amor y matrimonio

Símbolos personales: velas, rosas y una campana tubular

Alcoba principal de matrimonio

Salud y familia

Creatividad e hijos

Dormitorio

Saber y cultura

Carrera profesional

Personas útiles y serviciales y viajes

⊕ Farol exterior

☆ Planta

Ⓒ Cristal

A Arte

Ⓟ Símbolo personal

⌇⌇⌇ Espejo

Luz del amor

de no existía ninguna estructura, como un porche o una superficie cubierta que la sustentara.

Donna palideció cuando le expliqué que la casa se había quedado sin la zona bagua asociada al amor y el matrimonio.

—¿No estarás insinuando que esa fue la razón de que mi matrimonio...? —dejó la frase cortada, como si se hubiera quedado muda.

—Puede haber sido uno de los factores que influyeron —dije—. Pero ahora tenemos que hacer todo lo que podamos para equilibrar y reforzar esa zona y esperar a ver qué pasa con tu vida amorosa.

Procedimiento seguido y resultados:

El presupuesto de Donna no alcanzaba para realizar grandes cambios, así que decidió instalar un farol normal y corriente en la esquina exterior donde hubiera llegado la casa de haber sido cuadrada. Afortunadamente, Jay era habilidoso y puso el entusiasmo necesario para llevar a buen término la instalación. Les sugerí que, una vez instalada, dejaran la luz encendida durante todo el día para elevar el chi, que estaba completamente colapsado.

En el interior, en la zona correspondiente al amor del salón, tenían colgado un póster abstracto que sugería la imagen de un hombre de aspecto triste y melancólico, pintado en tonos marrones y amarillo oscuro. Les pregunté si les gustaba aquella pintura. Pertenecía a Jay, y nunca se había planteado si verdaderamente le gustaba o no. Ahora que la observaba con más atención, se dio cuenta de que transmitía un sentimiento de tristeza y soledad.

—¡Forma parte de mi pasado, pero no me cabe duda de que no pertenece a mi futuro!

Lo descolgó inmediatamente, para gran alivio de Donna. Entonces les propuse realzar esa zona con algún cuadro romántico que realmente les gustara a los dos, y que colgaran también un cristal tallado de forma redonda en una ventana próxima orientada al este para captar la luz solar de la mañana y hacer circular el chi.

Les pedí que pensasen en qué objetos simbolizaban el amor y el matrimonio para cada uno de ellos. Donna dijo que las velas y las flores frescas, y decidió colocar una mesita con velas de color rojo y rosado y rosas frescas en la zona correspondiente al amor y el matrimonio de su habitación. Siempre le había gustado el sonido de las campanas tubulares, y resolvió colgar un bonito juego sobre su «mesita del amor» para atraer el chi.

—Me compraré rosas de mis colores favoritos todas las semanas, ¡incluso después de haber encontrado el amor de mi vida! —aseguró.

Al principio Jay no estaba muy seguro de qué objetos simbolizaban para él el amor. Parecía un poco perdido, así que le hicimos algunas sugerencias; él dijo que le dejáramos pensarlo unos minutos. Entretanto, Jay me mostró su habitación. Aquello parecía una zona catastrófica. En el espacio correspondiente al amor había apilado cajas atestadas de cosas que le daban a la estancia más aspecto de almacén que de alcoba. El único mobiliario era un futón en el suelo rodeado de papeles y ropas. Evidentemente, la habitación de Jay necesitaba algo más que un par de detalles románticos. Esbozamos un plan básico en el que se contemplaba la compra del mobiliario imprescindible y la ubicación más adecuada de la cama.

—Tienes que ver la puerta desde la cama, pero no tenerla directamente enfrente, como está el futón ahora —le aconsejé—. Empieza por cambiar la disposición de la cama y sacar todas esas cajas de la zona que corresponde al amor y al matrimonio, y luego, cuando te sientas inspirado, reálzala. Sabrás exactamente lo que debes hacer.

Ambos se pusieron manos a la obra. Al cabo de una semana el farol estaba instalado y su luz brillaba en la zona relacionada con el amor, en el exterior de la casa. Jay dispuso el futón en una posición más favorable y trasladó las cajas al garaje para desembalarlas allí. Mientras reflexionaba sobre qué cosas simbolizaban el amor y el romanticismo para él, tropezó con un recuerdo familiar que tenía completamente olvidado, un espejo con un marco elaboradamente decorado que había pertenecido a sus abuelos. Sin duda ellos eran un buen ejemplo por lo que respecta al amor, pues habían estado felizmente casados durante más de cincuenta años. Colgó el espejo y añadió una palma fresca que le recordaba románticas aventuras. Entretanto, Donna había dispuesto ya sus velas, rosas y campanas tubulares y estaba buscando el cuadro ideal para colgar en el comedor.

Ocho días después de nuestro encuentro, Donna tuvo noticias de un atractivo hombre soltero al que había conocido en una fiesta hacía unos tres meses. Aunque había pasado bastante tiempo, él acababa de encontrar el número de teléfono y quería saber si le apetecería dar un paseo por la playa aquel mismo sábado. ¡Sí! Donna estaba tan contenta que corrió fuera de la casa y se puso a bailar alrededor del farol iluminado como si se tratase de uno de los postes decorados con flores de la fiesta del Primero de Mayo.

—¡El chi se está moviendo! —exclamó.

Tampoco Jay tuvo que esperar mucho. Se topó en una tienda de comestibles con un viejo amor del que al parecer quedaban aún rescoldos, pues la llama de la pasión volvió a nacer entre ellos en cuanto se encontraron. Entre pícaras risas, nos explicó qué respondió a la policía cuando le encontraron con su «nuevo/viejo» amor «abrazado» en la playa.

Pero eso no fue todo. Un mes más tarde, Donna se sintió tan abrumada por las atenciones que le dispensaban varios hombres, que decidió apagar la «luz del amor» durante el día. Jay estaba realmente cautivado por su novia, que resultó serle de gran ayuda cuando redecoraron juntos su dormitorio, naturalmente desde el punto de vista del Feng Shui.

Hace poco hablé con Donna, y me explicó que Jay y su novia habían decidido buscarse un hogar para ellos solos; ella, por su parte estaba planteándose la posibilidad de trasladarse a otro Estado con su prometido. Las dos nos echamos a reír cuando me comentó que no habían llegado a colgar ningún otro cuadro en el salón-comedor. ¡Decidieron que era mejor no añadir más chi romántico a la casa; ya era suficiente!

TIEMPO PARA AMAR

Jenny se sentía frustrada con su vida amorosa.

—Al parecer no hay manera de que mis relaciones románticas duren —suspiró—. Estoy a punto de decirle al chico con el que salgo que no quiero que volvamos a vernos, porque nuestra relación no funciona.

Jenny vivía en un bonito dúplex con un amplio vestíbulo decorado con buen gusto, en el que se mezclaban muebles modernos y antiguos. En la zona relacionada con el amor y el matrimonio se hallaba la chimenea.

—¿Definirías tus relaciones como una llamarada súbita e intensa, pero que se extingue rápidamente? —le pregunté.

—Más o menos —replicó ella—. Al principio suelen ser muy intensas y llenas de vida; luego parece que se las lleve el viento, y empiezo a perder interés...

Examiné los objetos que Jenny había colocado en la repisa de la chimenea. Había dos arreglos florales idénticos y bastante bonitos, hechos con flores secas. Estaban dispuestos como si se tratara de dos centinelas, uno a cada extremo de la repisa. En el centro, dominándolo todo, había puesto un reloj antiguo que no funcionaba, montado en una pieza de mármol negro de considerable tamaño.

—¿Cuánto tiempo hace que este reloj dejó de funcionar? —pregunté.

—Ah, nunca ha funcionado, ni siquiera después de que un relojero me asegurara que lo había arreglado. Siempre digo que se lo llevaré a alguien que pueda repararlo, pero pesa tanto y es tan incómodo de transportar que nunca me decido a hacerlo.

Le expliqué a Jenny que la chimenea se encontraba en la zona correspondiente al amor y el matrimonio. Luego le pedí que se situara frente a la repisa y me describiera lo que veía. Respondió sarcásticamente:

—Veo a dos personas separadas por algo que no funciona. Esto es tremendo, ¿no?

Procedimiento seguido y resultados:

Jenny se acercó a la repisa y, con mucho esfuerzo, empujó el reloj a un lado. Luego cogió los arreglos florales y los colocó juntos en el centro, de forma que los tiestos y las hojas de ambos se tocaran. Retrocedió para observar su obra.

—Bueno, esto ya es otra cosa, pero de todas formas el reloj tendrá que desaparecer de ahí —dijo.

Sin darme tiempo a ayudarla, lo bajó de la repisa y en cuanto lo hubo hecho, el carrillón empezó a repicar. La expresión que se apoderó de su rostro fue de turbación y sorpresa.

—¡Pero si nunca había funcionado! —susurró mientras el reloj continuaba sonando en sus brazos. Lo dejó sobre una mesa y se quedó mirándolo fijamente; luego me miró.

—¿Qué significa esto? —me preguntó por encima del sonido de las campanadas que no cesaban.

—¿Qué significa para ti, Jenny? —le pregunté a mi vez.

Con la carne de gallina y los ojos abiertos como platos, dijo:

—Creo que ya iba siendo hora de que reparara este reloj. ¡Era la expresión de cómo funcionaban mis relaciones sentimentales!

Examinamos el resto de la casa. En su dormitorio tenía otro centro de flores de seda colocado en la zona correspondiente al amor. Lo que más destacaba de él eran dos rosas, una de las cuales estaba orientada en una dirección y la otra en la contraria. Se lo indiqué y ella las cogió de inmediato, las entrelazó de forma que «se miraran» y volvió a colocarlas en su sitio. También había dos ositos de peluche, uno en la cama y el otro en una silla. Le sugerí que los colocara juntos en la zona correspondiente al amor y el matrimonio de su estudio, a modo de detalle simpático, entre los libros de la estantería, por ejemplo, ya que allí simbolizaban la presencia de alguien, y no dejaban espacio para un nuevo amante. También le propuse que comprara sábanas nuevas de colores cálidos que recordaran al color de la piel, como rosa, melocotón o albaricoque; eso marcaría un nuevo inicio en su vida amorosa. Le indiqué a Jenny que pusiera parejas de objetos, como velas o flores, en cualquier sitio que le apeteciera, pero especialmente en las zonas del amor y el matrimonio de las distintas estancias de su casa. Realzarían el chi y servirían también como reafirmaciones del entorno, recordándole que su verdadero amor estaba cerca y a su alcance.

Entonces examinamos el estudio. Sobre el escritorio había otro reloj antiguo que tampoco funcionaba... ¡y precisamente en la zona de la mesa correspondiente al amor y el matrimonio! Al observarlo con más atención, vimos que la pintura de debajo de la esfera representaba una mujer de aspecto desesperado.

—¡Es increíble! —exclamó—. Otro reloj estropeado; y fíjate en esa mujer. ¡Me recuerda a mí misma!

Cogió el reloj del escritorio y se lo escondió a la espalda. Ambas nos echamos a reír.

—No se puede esconder nada en ningún sitio para la mirada del Feng Shui —le dije.

Al día siguiente, Jenny llevó sus relojes a reparar. Cuando volvieron a funcionar, colocó el grande y negro en la zona relacionada con su carrera profesional del estudio. Sustituyó la pintura que había en el pequeño por otra que representaba a una pareja, y colocó el reloj en la repisa de la chimenea. Reforzó aún más la repisa con un

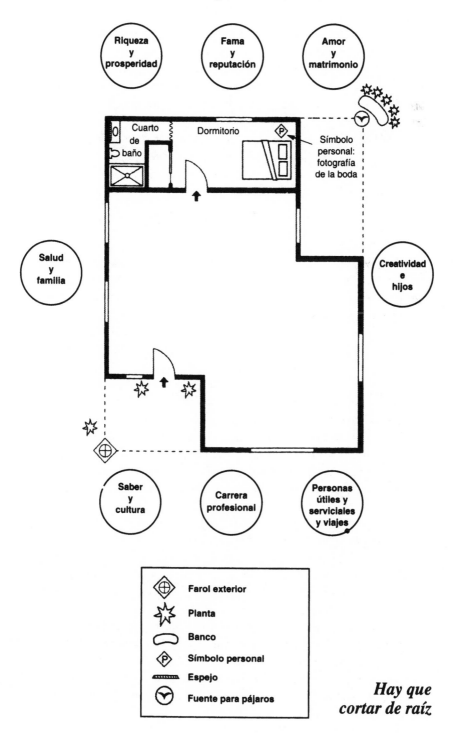

Riqueza
y
prosperidad

Fama
y
reputación

Amor
y
matrimonio

Cuarto
de
baño

Dormitorio

Símbolo
personal:
fotografía
de la boda

Salud
y
familia

Creatividad
e
hijos

Saber
y
cultura

Carrera
profesional

Personas
útiles y
serviciales
y viajes

⊕	Farol exterior
✵	Planta
⌒	Banco
Ⓟ	Símbolo personal
▓	Espejo
⊻	Fuente para pájaros

*Hay que
cortar de raíz*

par de candelabros de cristal y un pequeño óleo en el que había corazones pintados.

Cuando todas las mejoras estuvieron terminadas, decidió dar una fiesta. La noche de la celebración recibió una llamada de uno de sus mejores amigos preguntándole si no le importaba que llevara a su hermano Jason a la fiesta con él. No es difícil adivinar lo que pasó. Jason y Jenny hicieron buenas migas de inmediato. Él le dijo:

—Esto sí que es curioso. Justamente cuando estaba pensando lo mucho que me gustaría conocer a alguien especial, vas y apareces tú...

HAY QUE CORTAR DE RAÍZ

Meg y David llevaban menos de un año casados. Habían dejado alegremente su pequeño apartamento ante la posibilidad de adquirir una casa propia, aunque necesitase muchos arreglos. Meg sospechaba que la casa tenía un Feng Shui poco favorable, porque el anterior propietario se había divorciado varias veces durante el tiempo que estuvo viviendo allí. Así que pidió opinión y consejo al respecto.

Efectivamente, la casa necesitaba muchos cambios. En aquel vecindario era la única «sin jardín». Sólo las semillas más resistentes podían crecer en ese subsuelo de piedra caliza que estaba a la vista. El garaje sobresalía por delante de la casa, lo que dejaba las zonas correspondientes al saber y la cultura, y al amor y al matrimonio fuera de la estructura global. Así que todos estuvimos de acuerdo en que teníamos que ponernos manos a la obra para equilibrar y reforzar el chi.

Procedimiento seguido y resultados:

Hablamos durante un buen rato de las dos zonas que se echaban en falta. La que se relacionaba con el saber y la cultura se encontraba en la frontera con un patio delantero y podía ser incluida en la estructura ampliando la pérgola ya existente. Puesto que la parte frontal necesitaba iluminación, les sugerí a Meg y David que empezaran de inmediato sus mejoras, instalando un farol en la esquina que sirviera para «encender» el chi relacionado con el saber y la cultura. Para reforzar aún más ese chi inerte, sería conveniente que pusieran macetas con flores de colores vivos alrededor del farol y cerca de la puerta. También les pedí que arrancaran todas las plantas marchitas del patio, aunque por el momento no pensaran hacer nada más allí. Ya que eso iniciaría el proceso de renovación y mejora del chi cuando éste empezara a circular por el terreno, y sin duda resultaría mucho más positivo que tener allí un cementerio de plantas.

La zona correspondiente al amor y el matrimonio estaba relegada a un desnudo y desolado pedazo de tierra en el patio trasero. Era el último lugar de la casa en el que a uno le podría apetecer pasar un rato. Ninguna ventana daba a él, y el resto del patio no parecía incluir aquella parte. Les pregunté qué les gustaría colocar allí; tendría que ser algo con una estructura bastante sólida, y que además tuviera cierto significado romántico. David lo vio enseguida como una posible zona de aislamiento y refugio; podían instalar un banco para sentarse juntos a charlar y contemplar las puestas de sol. Meg pensó que era un lugar ideal para colocar una especie de santuario dedicado a la naturaleza que incluyera una fuente en la que los pájaros pudieran saciar su sed y refrescarse. David se dio cuenta de repente de que allí podía plantar su jardín de rosas, algo que llevaba años queriendo hacer, pero para lo que nunca había contado con el suficiente terreno. Les sugerí que en aquella zona «perdida» instalaran una fuente para los pájaros que les gustara a ambos, y que a partir de ahí fueran mejorando todo el espacio. ¡Cuanta más belleza crearan juntos, mejor!

En el interior, el dormitorio principal también necesitaba reformas. Sólo había un pasillo para acceder a la cama, y daba justo frente al cuarto de baño. Desde su lado de la cama, Meg veía, a través del vestidor abierto, un espejo distante que colgaba sobre el lavabo. La vista de que gozaba David desde la cama se limitaba al espejo que cubría la puerta de un armario.

—En mi opinión, si continuáis viviendo en estas condiciones, no tardaréis mucho en daros cuenta de que nunca compartís el mismo punto de vista —les dije.

—¡De hecho ya ha nos está pasando! —exclamó Meg—. Incluso nos hemos preguntado por qué discutimos mucho más desde que nos mudamos aquí.

Les sugerí que cerraran con cortinas la zona abierta de entrada al cuarto de baño, y que cubrieran con el mismo tejido los espejos que había en las puertas del armario o, si lo preferían, sustituyeran esas puertas por otras sin espejo. Les expliqué que no era adecuado tener espejos orientados transversalmente con respecto a la cama. Su chi vital podía mermar si en mitad de la noche se sobresaltaban al ver reflejados en ellos sus propios movimientos. Además, en el caso de Meg y David, había una gran cantidad de espejos en la zona del baño. Les pedí también que eligieran un símbolo personal que representara para ellos su relación y que lo colgaran en el lado de la cama en el que dormía Meg, en la zona de la habitación correspondiente al amor y al matrimonio. Meg pensó de inmediato en la fotografía de su boda que más les gustaba a los dos y la colocó donde yo les indiqué. Perfecto.

Al poco tiempo de nuestro encuentro, David tuvo que hacer un viaje de negocios al extranjero, y a la vuelta trajo consigo dos piezas de seda cruda de color crema. Durante su ausencia, Meg había reemplazado las puertas-espejo del armario por otras de madera. Cuando David estuvo de vuelta, hicieron unas sencillas cortinas y las colgaron frente a la entrada del vestidor. La habitación resultaba así mucho más acogedora y sugerente, y ambos notaron de inmediato que sus riñas habían cesado. David instaló una potente luz exterior en la zona correspondiente al saber y la cultura, así como una nueva fuente para los pájaros y un banco en la zona del amor y el matrimonio.

Cuando llegó la primavera, vio hecho realidad su sueño de tener un jardín lleno de rosales. Dispuso los parterres en forma de arco «para que las flores abracen la casa y el banco..., ¡y también a nosotros!». David y Meg cortaron de raíz los problemas que desde el punto de vista del Feng Shui tenía la casa y continuaron introduciendo mejoras en su hogar, por lo que en la actualidad disfrutan del armonioso chi que los envuelve.

Reafirmaciones del propio entorno relativas al amor y al matrimonio

Puede elegir uno de los siguientes elementos o una combinación de varios de ellos para optimizar de una manera personalizada la zona asociada al amor y al matrimonio:

- Pósters, pinturas, collages, fotografías o estatuillas de la persona amada.
- Parejas de objetos que representen amantes, tórtolas, delfines, corazones, etcétera; símbolos del amor.
- Objetos de color rojo, rosa y blanco.
- Citas, sentencias y refranes relativos al amor y al matrimonio.
- Objetos que personalmente asocie con el amor y el matrimonio, como por ejemplo recuerdos de la luna de miel o de unas románticas vacaciones, regalos de aniversario, etcétera.

Sentencias útiles para favorecer el amor y el matrimonio

Elija las sentencias por las que se sienta atraído de la siguiente lista, y escríbalas para ponerlas en las zonas de su hogar, dormitorio o escritorio correspondientes al amor y el matrimonio, o en cualquier otro espacio relacionado también con el amor y el matrimonio con el que esté trabajando. También puede utilizarlas como una guía que le ayude a redactar sus propias afirmaciones personales.

Atraigo a mi vida la alegría, el amor y la intimidad.

Me amo, respeto y honro a mí mismo.

El amor me rodea constantemente.

Adoro amar y ser amado.

Soy una persona bella, amorosa y alegre.

Mi amante y yo experimentamos juntos mucha alegría, pasión y momentos de éxtasis juntos.

Mi amante es ideal, y ambos conectamos en los ámbitos mental, espiritual y sentimental, ahora y siempre.

El mapa bagua

CREATIVIDAD E HIJOS

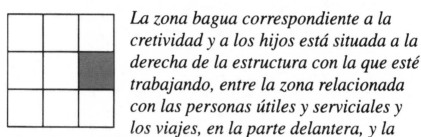

La zona bagua correspondiente a la cretividad y a los hijos está situada a la derecha de la estructura con la que esté trabajando, entre la zona relacionada con las personas útiles y serviciales y los viajes, en la parte delantera, y la relativa al amor y al matrimonio, en la parte trasera. (Véase el mapa bagua de la página 97.)

Las enseñanzas del I Ching *relativas a la creatividad y los hijos*

El trigrama del *I Ching* llamado *Tui* significa «El lago placentero» y está asociado al placer, la generosidad y al estímulo. La idea esencial de esta lección es que alentando a otras personas a expresarse y a realizarse plenamente, nosotros mismos alcanzamos el éxito y obtenemos satisfacción. Los progenitores experimentan a veces esa energética y casi mágica satisfacción cuando animan a sus hijos a cultivarse y a crecer expresándose de forma creativa. El mismo concepto vale para nuestra propia creatividad. Necesitamos generosas dosis de aliento y admiración, así como una buena cantidad de «alegría de vivir» para abrirnos como un capullo en flor y desplegar toda nuestra capacidad creativa. En todos los casos, el florecimiento de la creatividad es una experiencia exultante cuando se produce gracias a la bondad y al estímulo de quienes nos rodean.

Fortalezca las zonas relacionadas con los hijos y la creatividad cuando:

- quiera quedarse embarazada;
- desee ser una persona más creativa en general;
- participe en un proyecto creativo;
- se sienta bloqueado en el ámbito creativo;
- quiera conocer mejor al niño que lleva dentro y dejar que se desarrolle y exprese; o
- desee mejorar su relación con los niños.

El bagua en acción: casos relacionados con la creatividad y los hijos

UN ESPACIO PARA LA CREACIÓN

Bonnie era una artista gráfica frustrada. Poseía todos los utensilios necesarios para su oficio, pero sólo disponía de un espacio ridículamente pequeño para trabajar. Vivía sola en una casa de 180 metros cuadrados que no parecía saber aprovechar de acuerdo con sus necesidades. Tenía un inmenso salón, un amplio comedor y un pequeño gabinete que utilizaba a la vez como estudio y taller, y que el día anterior a nuestra cita había ordenado lo mejor que pudo el gabinete. Pero aun así, continuaba siendo un espacio angosto, atiborrado de muebles, archivos, caballetes, mesas de dibujo y herramientas de trabajo. La avalancha de objetos había ya invadido más de la mitad del garaje, y amenazaba con engullir la otra mitad de un momento a otro. Me di cuenta de inmediato de que teníamos que hablar del uso que le daba al espacio disponible. No dejaba de ser curioso que el enorme salón estuviera situado en la zona de la casa correspondiente a los hijos y la creatividad. Teniendo en cuenta que Bonnie vivía sola, yo sabía que contaba con la posibilidad de distribuir el espacio disponible en la casa según sus necesidades, aunque pudiera resultar poco convencional.

Estuvimos charlando acerca de su estilo de vida. ¿Utilizaba la sala de estar para dar fiestas? No. De hecho, ella y sus amigos acababan siempre pasando el rato sentados alrededor de la mesa de la cocina. ¿Necesitaba realmente un comedor tradicional? No. Rara vez hacía uso de él. Mientras conversábamos, noté que se sentía realmente angustiada. No dejaba de echar miradas llenas de preocupación hacia el gabinete.

—No sé que voy a hacer con ESA habitación —estalló finalmente señalando con un gesto de cabeza hacia su estudio.

—¿Qué te parecería convertirla en la sala de estar? —sugerí.

—¡La sala de estar! ¿Y qué demonios hago entonces con la que tengo ahora? —inquirió con cierta brusquedad.

—Pues convertirla en tu taller artístico —insinué.

Bonnie parecía estar realmente perpleja mientras pensaba en las posibilidades que aquellos cambios le brindarían.

—¡Oh!, pero, ¿cómo es posible que yo no haya pensado antes en ello? ¡He estado viviendo enclaustrada en la mitad de esta casa sin utilizar el resto del espacio!

Procedimiento seguido y resultados:

Cuanto más pensaba Bonnie en la posibilidad de darle la vuelta a la casa como a un guante, más emocionada se sentía. Le sugerí que colocara todas sus mesas de dibujo en medio de la estancia donde tendría espacio de sobras para moverse alrededor de ellas. Ahora también dispondría de amplios paños de pared para colocar estanterías en las que organizar sus útiles de trabajo. Eso supondría tener todo el material vinculado a su arte en un único espacio, además de recuperar en el garaje el espacio para el segundo coche. Por otra parte, le encantó la idea de separar el mobiliario de oficina, con su ordenador y archivos, de la zona dedicada exclusivamente a la creatividad artística. Pasamos revista a todos sus muebles, materiales y utensilios, uno por uno, antes de decidir qué lugar ocuparían en la nueva distribución.

Para no perder más tiempo del estrictamente necesario, contrató a dos hombres que la ayudaran a trasladar las cosas más pesadas de un lugar a otro. Cinco días después, al entrar en su casa, a Bonnie le pareció otra. El taller así remodelado era el sueño de cualquier artista hecho realidad. Espacioso, bien ventilado y lleno de color, parecía la propia creatividad encarnada. El estudio estaba organizado de la manera más eficaz y le proporcionaba una deliciosa vista del jardín. Pero para Bonnie la mayor sorpresa fue ver en qué se había convertido el antiguo estudio. Ese espacio diminuto y frustrante, y lleno de muebles que casi no cabían, de repente se había transformado en una sala de estar muy acogedora y agradable, en la que podía relajarse al final de la jornada y pasar buenos ratos con sus amigos, que ahora preferían la calidez del nuevo salón de Bonnie a tener que sentarse alrededor de la mesa de la cocina durante toda la velada.

Gracias al revitalizado chi fluyendo vigoroso por toda la casa, la creatividad personal de Bonnie pareció renacer hasta extremos insospechados. Así, además de proseguir con su trabajo de diseño gráfico, se aventuró a dar sus primeros pasos en el campo de la pintura y a expresar también su creatividad mediante la escritura. Hizo gran cantidad de descubrimientos acerca del proceso que seguía su propia creatividad, y puso en marcha un curso enfocado a sacar el máximo provecho del talento creativo de sus alumnos. Muy pronto tuvo grupos de estudiantes que se reunían en su espacioso taller dispuestos a indagar acerca de su capacidad creativa en los campos del dibujo, la pintura y la redacción periodística.

En la actualidad, Bonnie imparte diversos cursos relacionados con la creatividad en los que explica técnicas que, de una forma amena, alientan a sus estudiantes a expresar sin inhibiciones su capacidad creativa, cursos que funcionan incluso en el caso de personas que se habían sentido bloqueadas en todo lo relativo a la creatividad desde su infancia. Inicia todas sus clases diciendo:

—Bienvenidos a este patio de recreo, que es lo suficientemente grande como para que todos nosotros podamos jugar en él. Aquí tenéis todo el espacio que necesitáis para dejar que vuestra creatividad brote espontáneamente y se desarrolle.

GALERÍA DE DELINCUENTES

Antes de mudarse a su nuevo hogar situado en una urbanización de casas adosadas muy bonitas, Ellen decidió pedir consejo a alguien que conociera bien el arte del Feng Shui. Todavía no se había trasladado, por lo que quería tener claro dónde colocar sus pertenencias de forma que el vibrante flujo del chi se viera favorecido y realzado.

La calle me condujo a la parte trasera de las viviendas, en la que cada una de ellas contaba con un cómodo acceso a un garaje con espacio suficiente para dos coches. La idea era poder meter el coche en el garaje y entrar en la casa por una puerta interior, de manera que sólo se podía acceder a la puerta principal dando un rodeo por un serpenteante sendero bellamente ajardinado. Me impactó por lo encantadoramente inusual que resultaba aquella distribución. Los invitados tendrían que caminar ineludiblemente durante unos dos minutos para llegar hasta la puerta principal.

—¿Tienes intención de hacerles dar este rodeo a tus invitados hasta la puerta de entrada?

—Bueno, yo tenía pensado dejar la puerta del garaje abierta cuando estuviera esperando invitados o alguien —respondió Ellen—. ¿Por qué?

—La puerta delantera es la boca de entrada del chi, y toda la casa recibirá sustento energético si la utilizas con regularidad —le contesté.

Hablamos de cómo tanto ella como sus amigos tendrían que mentalizarse para utilizar la puerta delantera. Ella se dio cuenta de que sus invitados disfrutarían del breve paseo por el jardín; un instante de relajación y un respiro después de haber estado conduciendo y antes de llegar realmente a la casa.

—También podrías considerar instalar una gran fuente en la parte delantera del jardín a la que acudirían a beber y a refrescarse los pájaros; atraería vida, naturaleza viva como símbolo del agua fluyendo en la entrada de tu propiedad. Además, realzaría el chi y te proporcionaría un punto de referencia importante que transformaría por completo el paisaje que ves desde las ventanas de la sala —le sugerí.

En el interior, la casa prometía convertirse en una verdadera maravilla. La amplia sala contendría una vitrina en la que expondría la mayor parte de su colección de obras de arte procedentes de diferentes culturas; el resto de la decoración se vería completada con cómodos sofás de color beige, alfombras de colores vistosos y un piano vertical. Podía ser un espacio fabuloso para recibir a cualquier persona.

—Ahora que hablamos de estimular el chi —dijo Ellen—, me gustaría despertar el chi relativo a mi creatividad en esta casa. Espero que puedas ayudarme a elegir la habitación más apropiada del piso de arriba para instalar mi estudio. Ya he criado a todos mis hijos, así que ahora quiero volver a pintar.

—Bueno, ya partes de una buena base rodeándote de tantas obras de arte que realmente aprecias —la animé.

Subimos al piso de arriba, y en cinco minutos decidimos cuál sería el estudio. Se trataba de una habitación espaciosa, iluminada por una fantástica luz meridional y ubicada justamente en la zona de la casa relacionada con la creatividad y los hijos. Ellen se sintió emocionada al ver la cantidad de chi positivo con que contaba aquella estancia. Hablamos de cómo disponer el mobiliario. Su mesa de trabajo estaría situada en diagonal, de modo que desde ella pudiera ver tanto la puerta como la ventana, y el mueble en el que colocase todo el material, detrás. Sus caballetes y pinturas deberían estar cerca de la ventana para aprovechar la luz natural; además, desde allí también se veía bien la puerta. Las dos nos imaginábamos ya el estudio, equipado y en pleno funcionamiento.

Precisamente debajo del estudio se encontraba la habitación de la lavadora y la entrada a la casa a través del garaje; el lugar donde el chi estaba más necesitado de un «reconstituyente». Para empezar, la robusta puerta contaba con un potente resorte que la hacía peligrosa para cualquiera que se interpusiera en su camino. Se abría a un espacio estrecho, entre una pared y la lavadora y secadora. El único punto de iluminación se encontraba en el techo, y sólo se podía encender con un interruptor que estaba situado cerca del rincón; no había ningún otro interruptor cerca de la entrada del garaje, por lo que enseguida vimos lo que podía suponer luchar contra aquella puerta a oscuras llevando un par de bolsas de provisiones. ¡Mal Feng Shui!

—Esta parte de la casa es importante —le dije—, ya que vas a estar entrando y saliendo por ella cada día, además de venir a hacer la colada. También está asociada a la creatividad y a los hijos, una parte de tu vida que quieres desarrollar, sin tener que luchar contra ella. Te sugiero que quites ese resorte de la puerta, mejores el sistema de iluminación y cuelgues en las paredes algo agradable, que te haga sentir inspirada cada vez que lo veas.

Ellen tuvo una idea que hizo que se le iluminaran los ojos.

—¡Ya sé lo que voy a poner aquí! —exclamó—. Lo voy a convertir en una especie de «galería de delincuentes» con los granujas de mis hijos y mis nietos. ¡Tengo toneladas de fotografías suyas que me encantan, y éste es el lugar perfecto para exponerlas!

Procedimiento seguido y resultados:

Ellen se mudó a su nueva casa dos semanas más tarde. La fuente para los pájaros era lo primero que instaló en la parte delantera del jardín. Organizó el estudio tal como lo habíamos planeado e inmediatamente empezó a hacer bocetos inspirados en todo el proceso de la mudanza: «El almuerzo de los trabajadores»; «Máscara sin colgar»; «El primer pájaro»... Enseguida se sintió en su hogar e inspirada para dar rienda suelta a su creatividad. Hizo quitar el resorte de la puerta del garaje y la nueva instalación de luz ya no la obligaba a cruzar toda la estancia a oscuras. Y entonces empezó la diversión. Muchas de las fotografías que tenía de sus hijos y de sus nietos llevaban años metidas en cajas, por lo que ahora se sintió entusiasmada colgando las que más le gustaban. Cuando terminó su selección, prácticamente había cubierto las paredes del cuarto de la lavadora de fotografías enmarcadas.

No hace mucho que estuvimos conversando, y Ellen me dijo que se sentía más feliz que nunca. Se estaba convirtiendo en una auténtica pintora, y experimentaba los mejores momentos de su vida haciendo bocetos de todo lo que le interesaba allí donde fuese.

—Deberías haber visto la cara de mi hijo cuando descubrió mi «galería de delincuentes» —dijo—. No podía creer que hubiera relegado las fotografías a la habitación de la colada, como si quisiera ocultarlas. Le pareció un insulto. Entonces le expliqué que la razón de que las hubiera puesto allí era que de esa forma tenía la suerte de poder verlas realmente todos los días. ¡Y ahora él está haciendo lo mismo en su casa!

Reafirmaciones del propio entorno relativas a los hijos y la creatividad

Elija uno de los siguientes elementos o una combinación de varios de ellos para optimizar de una manera personalizada la zona bagua asociada a los hijos y la creatividad:

- Pósters, pinturas, collages, fotografías y estatuillas de niños (realmente es mucho mejor si además han sido hechas por niños) que estimulen sus ansias creativas.
- Utensilios que se usan para crear cosas, como los materiales necesarios para pintar, elaborar objetos artesanales o construir objetos.
- Objetos que hagan volar su fantasía, juguetes y animales disecados.
- Objetos de colores pastel y blancos.
- Objetos circulares, ovalados o en forma de arco.
- Cualquier objeto metálico —de latón, acero, peltre, plata, oro, aluminio, cobre, etcétera—, como por ejemplo muebles, candelabros, marcos de cuadros, estatuillas, joyas o lámparas.
- Citas, sentencias y refranes relacionados con los hijos y la creatividad.
- Objetos que personalmente asocie a los hijos y la creatividad, de artesanía, recuerdos de su propia infancia, etcétera.

Sentencias útiles para favorecer el área de los hijos y la creatividad

Elija las afirmaciones de la siguiente lista que más se adapten a su forma de ser, póngalas por escrito y colóquelas en la zona de su hogar, lugar de trabajo, mesa de dibujo o en cualquier otra relacionada con los hijos y la creatividad con la que esté trabajando. También pueden servirle de guía para redactar sus propias afirmaciones personales.

Soy capaz de expresar mi creatividad de forma sencilla y alborozada.

Mi creatividad fluye libremente cuando me expreso tal como soy.

Soy esencialmente un artista, poseo talento, y soy creativa.

El niño que llevo dentro se siente seguro y feliz.

Apoyo gustosamente al niño que hay en mi interior para que pueda expresar su creatividad.

A medida que mi destino se va revelando, confío más y más en mi sabiduría personal para poder expresar mi creatividad en todas las formas que resultan ideales para mí.

Confío satisfecho en mis impulsos creativos y me concedo el tiempo y el espacio necesarios para poder expresarlos.

El mapa bagua

PERSONAS ÚTILES
Y SERVICIALES Y VIAJES

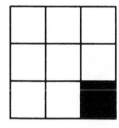

La zona relacionada con las personas útiles y serviciales y con los viajes se encuentra en la parte frontal derecha de la estructura con la que esté trabajando. (Véase mapa bagua de la página 97.)

Las enseñanzas del **I** Ching *relativas a las personas útiles y serviciales y a los viajes*

Tanto las personas que pueden resultarnos útiles como los viajes están asociados al trigrama del *I Ching* llamado *Khien*, que significa «El cielo». Es el más yang o activo de todos los trigramas, ya que «El cielo» posee las virtudes del poder, el sincronismo, la inspiración y la confianza. El *Khien* nos recuerda que nuestras vidas están determinadas por nuestras acciones. Las buenas acciones nacen de la combinación y utilización armoniosa de nuestra intuición y nuestro intelecto. Sabremos que estamos en el buen camino cuando percibamos a las personas como «ángeles» y los lugares como «paraísos». Cuando están orquestadas con sincronismo, las personas, al igual que los lugares nos brindan inspiración y nos guían, dejando señales y pistas favorables en nuestro camino que nos ayudan a revelar nuestro destino. La mayoría de nosotros podríamos relatar varias experiencias de cómo nuestras vidas se vieron favorecidas o transformadas gracias a las palabras o las acciones de un maestro, un cliente, un conductor de autobús, un empleado o un completo desconocido. Tocados por la celestial experiencia del sincronismo, de repente nos encontramos en el lugar correcto en el momento adecuado o trabando conocimiendo con la persona adecuada en el momento justo. Es en esos instantes cuando sentimos las fuerzas celestiales ejerciendo su poder a nuestro alrededor, mostrándonos con armonía y sencillez cuál es próximo paso que tendremos que dar.

Fortalezca las zonas relacionadas con las personas útiles y los viajes cuando:

- desee contar en su vida con más maestros, clientes, empleados, colegas y personas de cualquier tipo que puedan resultarle de ayuda;
- quiera viajar, en general, o hacia un destino concreto;
- necesite sentir una conexión más estrecha con su credo espiritual o religioso, con la persona o personas a las que pide orientación; las «personas útiles» fundamentales; o
- proyecte mudarse a una nueva casa o trabajar en otro lugar.

El bagua en acción: casos relacionados con personas útiles y viajes

LA RUEDA DE LA FORTUNA DE LA CERAMISTA

Andrea se sentía como si se estuviera ahogando en su propio éxito. Era una ceramista muy conocida, y se veía desbordada por numerosos encargos especiales, así como por las fechas de exposiciones. Para producir la cantidad de piezas de cerámica que necesitaba si quería cumplir con sus encargos había tenido que contratar a varios empleados, que sólo le habían proporcionado más quebraderos de cabeza. Uno de ellos siempre llegaba tarde al trabajo y por lo que respecta a los demás, no se podía confiar en su labor a menos que fuera constantemente supervisada. Para colmo de males, había comprado una casa en otro Estado hacía más de un año, pero los problemas de salud que le producía el estrés a que se veía sometida le habían impedido reiteradamente trasladarse a vivir allí.

—¡Socorro! —me gritó a través del teléfono.

En cuanto llegué a su casa observé que tenía forma de «L», y que la zona correspondiente a las personas útiles y a los viajes estaba situada en el centro del terreno cubierto de grava que utilizaba como aparcamiento. Andrea me esperaba en la puerta; recorrimos juntas toda la casa, y entramos en su estudio, una extensa zona de trabajo al aire libre con un horno de considerables dimensiones. Mientras visitábamos la vivienda, descubrí que dos de los cuartos de baño se hallaban en la zona relacionada con la salud, y que Andrea no entraba en ninguno de ellos. Uno era de uso exclusivo de sus empleados, mientras que el otro no lo utilizaba nadie.

Procedimiento seguido y resultados:

Puesto que Andrea planeaba mudarse en el plazo de unos meses, buscamos algo que ya tuviera y que pudiera colocar en la zona ausente relativa a las personas útiles y los viajes para completar simbólicamente la casa. Tenía un árbol bastante grande plantado en una enorme maceta; lo cambiamos de sitio con mucho cuidado, colocándolo exactamente en la esquina que hubiera correspondido a la casa de haber sido cuadrada. A su alrededor pusimos ladrillos grandes y algunas plantas más para conferirle una mayor consistencia. A continuación examinamos las zonas relacionadas con las personas útiles y los viajes de cada una de las restantes habitaciones de la casa. Le presté especial atención al espacio en el que sus operarios trabajaban. Se trataba del típico taller, lleno de polvorientas estanterías y con una parrilla de secado. Le sugerí que fueran sus propios trabajadores los que realizaran la zona correspondiente a las personas útiles y los viajes con objetos simbólicos importantes para ellos. Andrea aceptó de buena gana la idea. La animé a pensar en formas de atraer más chi al área de trabajo. Decidió ampliar fotografías de sus piezas de cerámica de brillantes colores y colgarlas en las zonas asociadas a la carrera profesional, la riqueza, la creatividad y la fama y reputación, con lo que elevaría el chi y proporcionaría al taller las notas de color que tanto necesitaba.

Para mejorar la zona relacionada con la salud, lo primero que hicimos fue introducir simples elementos beneficiosos en el baño de los empleados. Le propuse que pusiera una planta lozana y algún póster artístico que resultara atractivo, que mantuviera la tapa del inodoro cerrada, que quitara los trastos viejos que había acumulado debajo del lavabo y que lo limpiara todo concienzudamente. Luego echamos un vistazo al cuarto de baño que no se utilizaba. Era espacioso y soleado, y tenía una bañera inmaculada y un amplio armario. Andrea no lo había usado nunca porque estaba lejos de su dormitorio, por lo que simplemente lo había cerrado y excluido, como si no existiera. Le insinué que podía mejorar su chi relacionado con la salud convirtiendo aquel cuarto de baño en un espacio privado al que «escapar» para relajarse y rejuvenecer tras un largo día de trabajo. La idea le pareció sumamente atractiva. Ya había comprado los enseres necesarios para equipar el baño de su nueva casa, y decidió desempaquetarlos y utilizarlos enseguida en el cuarto de baño consagrado a mejorar su salud.

En la zona de su dormitorio asociada a la salud había una pared desnuda en la que se apreciaban las marcas dejadas por cuadros que anteriormente habían estado allí colgados. Aquella pared estaba pidiendo a gritos que se pusiera en ella algo bonito. Andrea recordó que había quitado de allí uno de sus cuadros preferidos en los días en que estaba convencida de que iba a mudarse muy pronto y que ya nunca lo había vuelto a colgar. Lo volvería a poner para poder contemplar aquella hermosa pintura cuando se despertara en lugar de encontrarse con una pared vacía.

—No empaquetes las cosas que te gusten demasiado deprisa —le dije—. Objetos como ese cuadro mantienen el chi fortalecido, algo muy necesario en momentos de transición como los que supone una mudanza.

En cuanto a la zona de su dormitorio relacionada con las personas útiles y los viajes le sugerí que colgara fotografías de su futuro hogar para acometer el traslado con más energía. Sin perder un instante, sacó unas cuantas de un cajón y las colocó donde yo le indicaba. Le aconsejé que preparara ya la primera caja para la mudanza, que escribiera en ella claramente con tinta negra su nueva dirección y que la colocara en la zona del salón correspondiente a las personas útiles y los viajes.

—Considéralo una obra de arte.

Andrea me llamó por teléfono cuatro días más tarde. Parecía sofocada mientras me relataba lo que había ocurrido en los últimos días. Dos días después de nuestro encuentro había aparecido —literalmente, como caído del cielo— ante su puerta un nuevo empleado, y él mismo le había proporcionado a otras dos personas susceptibles de ser contratadas. Los operarios que ya tenía habían agradecido el ofrecimiento de Andrea de personalizar el espacio en el que trabajaban, y se habían traído sus símbolos personales relacionados con las personas útiles. La zona del taller correspondiente a las personas útiles estaba ahora más viva, con imágenes de la Virgen María, de Jesús y de varios santos. Andrea colocó algunos pósters en color de sus trabajos de cerámica acabados, y tenía intención de añadir más; el aspecto y la atmósfera del taller se habían transformado.

Entonces decidió utilizar el cuarto de baño de los trabajadores para experimentar con el bagua. Los trastos viejos que había acumulado bajo el lavabo se encontraban en la zona correspondiente a la creatividad, y al sacarlos de allí, vio que incluso se habían formado nidos de hormigas y arañas. Lo limpió todo, selló los agujeros y colocó una cómoda pintada de forma bastante fantasiosa. En la zona asociada a la salud puso una planta, en la del amor un póster de arte popular que representaba dos tórtolas, y en la relativa a la riqueza unas campanas tubulares. También arregló su cuarto de baño «balneario», donde cada noche tomaba un cálido, burbujeante y espumoso baño.

—¿Qué debo hacer con todas esas personas que quieren trabajar para mí? —me preguntó—. Antes me faltaban operarios y ahora tengo demasiados.

—¡Andrea, deja que te ayuden a empaquetar tus cosas para la mudanza! —fue mi respuesta.

LA MUJER DE LA PUERTA DELANTERA

La casa que Amy había alquilado parecía perfecta cuando se trasladó a vivir en ella. Tenía espacio más que suficiente para poder llevar adelante su negocio trabajando en casa y además compartirla con otra persona, como era su intención. Todo fantástico, excepto por el hecho de que, al parecer, no podía encontrar a la persona adecuada para convivir. Ya habían sido varias las que habían vivido allí por breves espacios de tiempo, pero siempre surgía algún problema que hacía que se marcharan; tantos y tan frecuentes cambios le producían la sensación de que en la casa se había perpetuado una situación de provisionalidad. Amy también había notado que cada vez discutía más con sus clientes. Las facturas impagadas se estaban amontonando, y además recibía quejas que a ella le parecían injustificadas. Era el momento de recurrir al Feng Shui.

La casa de Amy tenía forma de «T», por lo que carecía de las zonas relacionadas con las personas útiles y los viajes y con el saber y la cultura. Pero mientras en ésta última había un estanque, un salto de agua y un sendero que conducía a la puerta trasera, todo bien conservado, lo que otorgaba a la propiedad un bello complemento, la zona relacionada con las personas útiles y los viajes era otra cuestión. Básicamente consistía en un sendero que llevaba hasta la puerta principal y que estaba tan descuidado que observar su aspecto resultaba casi doloroso. Aquí y allá se veían restos de los antiguos esfuerzos para embellecerlo, lo que sólo conseguía aumentar la triste sensación de descuido que producía su visión. El reto con que debía enfrentarse el Feng Shui se encontraba sin duda en aquella zona.

—Es curioso —dijo Amy—, pero lo cierto es que nadie utiliza nunca la puerta delantera. Probablemente por eso la he descuidado tanto.

—¿Y por qué no la utilizas tú? —le pregunté.

—Porque siempre entramos y salimos por la cocina, y mis clientes entran por la puerta trasera, que da directamente a mi despacho.

De inmediato supe que debíamos hacer fluir más chi a través de la puerta principal. El hecho de que nadie pusiera los pies allí no hacía más que agravar el significativo desequilibrio existente en la zona relacionada con las personas útiles. Amy y yo estuvimos hablando de las posibles mejoras. En primer lugar, había que proporcionarle nueva vida al jardín. También habría que instalar un farol, un mástil, un árbol o una fuente que marcara simbólicamente la «esquina desaparecida». Y lo más importante, a partir de ahora tendría que recibir a sus clientes por la puerta delantera haciendo pasar el chi de cada uno de ellos a través de la zona asociada a las personas útiles y los viajes y cargándola así de actividad.

—Te aconsejo que tú también utilices la puerta delantera. Entrar y salir por la cocina hace que tu atención se centre sólo en la comida. Cada vez que llegas a casa sólo piensas en comer.

Amy se echó a reír.

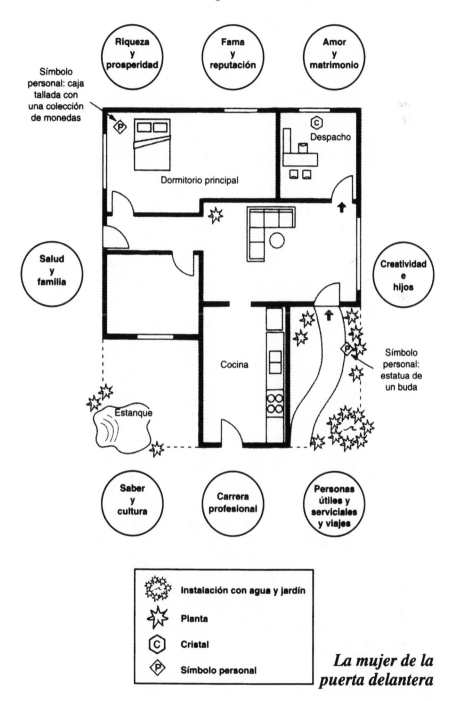

La mujer de la puerta delantera

—¿Cómo lo has adivinado? Entonces, seguir la «dieta Feng Shui» consiste simplemente en no entrar por la cocina, ¿no es eso?

—Bueno, la «dieta Feng Shui» se limita a sugerir que no entres y salgas continuamente de tu casa a través de la cocina —repliqué.

Cuando pasamos al interior, me di cuenta de que Amy había decorado su hogar con los objetos que realmente apreciaba. La elección de los colores y la disposición de los muebles eran muy armoniosos. Sin embargo, había convertido la espaciosa parte trasera de la casa —originalmente el dormitorio principal— en su despacho. Vi que en realidad no necesitaba tanto espacio, y además aquella estancia estaba situada en la parte más yin y privada de la casa. Su dormitorio sin embargo se hallaba en una habitación más pequeña, cerca de la puerta delantera, una zona más yang.

—Deberías considerar la posibilidad de trasladar el despacho al lugar en que se encuentra ahora tu dormitorio y el dormitorio a la estancia que ahora es tu despacho. Allí hay gran cantidad de un chi soporífero que no estimula a tus clientes y hace que no te tomen en serio como mujer de negocios.

Procedimiento seguido y resultados:

Una semana después de nuestra entrevista, Amy instaló una bonita fuente en la parte más externa de la zona relacionada con las personas útiles y los viajes. Encontró tiempo para replantar y embellecer su «jardín de las personas útiles» a lo largo de la vereda que conducía a la puerta delantera, e integró en el diseño la nueva fuente y una estatua de un buda sentado. Recuperó también el dormitorio principal como su refugio privado. Puesto que estaba ubicada en la zona asociada a la riqueza y prosperidad, colocó en la cómoda una bonita caja tallada que contenía una colección de monedas y decidió denominarla su «imán para el dinero».

La habitación más cercana a la puerta delantera se convirtió en una atractiva oficina de aspecto muy profesional, con una atmósfera mucho más propicia para la actividad laboral. En la ventana colgó un cristal para mantener el flujo del chi en la estancia. Ahora sus clientes eran conducidos a su nuevo despacho a través de la puerta principal, se concentraban en sus compromisos y le pagaban por sus servicios.

Una semana después de que Amy hubiera instalado la fuente, recibió «como llovida del cielo» una llamada de una amiga diciéndole que estaba buscando vivienda. ¿No conocería por casualidad a alguien que buscara una persona con quien compartir la casa? Su amiga pronto se instaló a vivir con ella, contribuyendo con su destreza a embellecer aún más los jardines. Por otra parte, Amy se esforzó constantemente en recordar que debía entrar y salir por la puerta delantera, y eso le concedió un beneficio adicional inesperado. Notó que pensaba menos en la comida y más en la buena forma física. Se inscribió en un curso para hacer ejercicio de forma regular y comprobó que realmente disfrutaba participando en él.

—Ahora todo parece estar en su lugar —me comentó hace poco—. La cocina ha dejado de ser el lugar de paso, y en el refugio de la parte trasera, el lugar escondido al fondo de la casa ya no se hacen negocios, y ya no tengo problemas ni con la persona con la que convivo ni con los clientes.

Reafirmaciones del propio entorno relativas a las personas útiles y los viajes

Elija uno de los siguientes elementos o una combinación de varios de ellos para optimizar de una manera personalizada el chi de las zonas bagua asociadas a las personas útiles y los viajes:

- Pósters, pinturas, collages, fotografías y estatuillas de guías espirituales, dioses, deidades, santos y ángeles.
- Personas útiles y maestros existentes en su vida.
- Lugares particulares a los que haya viajado o desee viajar.
- Objetos de color blanco, gris y negro.
- Citas, sentencias y refranes concernientes a la guía espiritual, las personas útiles y los viajes.
- Objetos que para usted tengan una estrecha relación con sus creencias espirituales o religiosas.
- Personas útiles, como profesores, maestros, benefactores, clientes y empleados.
- Lugares del mundo que para usted tengan un significado especial.

Sentencias útiles para favorecer a las personas útiles y los viajes

Tome cualquiera de las sentencias con las que se sienta más identificado, que aparecen a continuación, escríbalas y colóquelas en la zona de su hogar, lugar de trabajo, escritorio o cualquier otro sitio relacionado con las personas útiles y los viajes. También pueden servirle de guía para crear sus propias afirmaciones.

Atraigo constantemente a mi vida personas útiles, generosas y tiernas.

Todas las personas que conozco me apoyan y aman.

Gozo de la bendición de contar con muchas personas útiles en mi vida, y yo mismo soy una persona útil en la vida de otras personas.

En mi vida se presentan constantemente oportunidades y circunstancias favorables.

Viajo tan a menudo como deseo a los lugares que quiero visitar.

Me encuentro en el lugar adecuado en el momento propicio y conozco a las personas adecuadas en el momento justo.

El mapa bagua

CARRERA PROFESIONAL

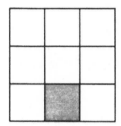

La zona relacionada con la carrera profesional está ubicada en la parte frontal de la estructura con la que esté trabajando, entre la zona asociada al saber y la cultura, a su izquierda, y la correspondiente a las personas útiles y los viajes, a la derecha. (Véase mapa bagua de la página 97.)

Las enseñanzas del I Ching relativas a la carrera profesional

El trigrama del *I Ching* llamado *Khân* significa «Agua profunda», y está asociado al trabajo o la carrera profesional que desarrollamos a lo largo de nuestra vida. Para muchos de nosotros, el mayor reto de la vida es descubrir y realizar el trabajo que deseamos desempeñar en este mundo. A menudo constituye una incógnita profunda y misteriosa que puede permanecer sin respuesta durante años, o incluso durante toda la vida. Es también una pregunta que puede surgir en cualquier momento de nuestras vidas, haciendo que introspectivamente nos cuestionemos: «¿Qué debo hacer ahora?». El *I Ching* nos enseña que debemos ser absolutamente sinceros y diligentes en nuestra búsqueda. Es básico que queramos realmente profundizar en nuestro interior y que nos digamos la verdad, incluso cuando la respuesta sea: «No lo sé». La sinceridad con nosotros mismos nos ayuda también a mantener las ideas claras y a continuar centrados en nuestra búsqueda. «Perseguir la felicidad» puede ser uno de los mayores desafíos de nuestras vidas. Requiere tiempo para la introspección y la búsqueda en lo más profundo de nuestra alma, humildad y confianza en lo desconocido. El *I Ching* indica que sólo zambulléndonos hasta lo más profundo en nosotros mismos seremos capaces de encontrar las respuestas referentes a nuestra carrera profesional y resurgir ilusionados y listos para concentrar toda nuestra energía en alcanzar nuevas metas profesionales.

Fortalezca la zona relacionada con su carrera profesional cuando:

- esté llevando a cabo cualquier tipo de cambio en su profesión o en su carrera;
- esté pensando en cambiar de profesión o carrera;
- desee ofrecerse voluntario o hacer un trabajo de servicio a la comunidad; o
- esté cambiando de un tipo de trabajo a otro.

El bagua en acción: casos relacionados con la carrera profesional

EL JARDÍN DE EVE

Eve tenía que reconocer que su carrera profesional no funcionaba como debería. Aunque su vida resultaba satisfactoria en todos los demás aspectos, el trabajo la sometía a una tensión insufrible. Hacía seis años, sus logros como agente de ventas habían sido notables. Pero gradual e implacablemente, su eficiencia se había desvanecido. Al principio le dio la culpa a su jefe, pero cuando este fue sustituido por otra persona su lento declive continuó. Ella sabía que era buena en lo que hacía, así que ¿cuál podía ser la razón de su fracaso? Aconsejada por un amigo, decidió buscar ayuda en el Feng Shui.

Eve vivía en la parte derecha de una casa pareada. Mientras accedía hacia su vivienda noté que el jardín estaba muy descuidado y que la rejilla de la puerta principal se veía completamente oxidada, mostrando un brillante color anaranjado. La puerta de entrada se encontraba justamente en la zona de su lado del edificio correspondiente a la carrera profesional y estaba rodeada de un trazado marchito de lo que había sido un jardín de flores. Unos pocos brotes luchaban por sobrevivir en el reseco terreno, y la tierra junto a las escaleras de cemento que llevaban hasta su puerta casi había desaparecido, dejando al descubierto oscuras grietas y hormigueros. No había nada vivo ni atractivo en su entrada principal, por lo que ya antes de llamar a la puerta me pregunté si tendría problemas con su carrera profesional.

Eve me recibió y me condujo al interior de la casa. Una vez dentro, me vi rodeada de belleza. Su hogar era absolutamente encantador, decorado con objetos que ella apreciaba, entre los que había una maravillosa colección de piezas de cerámica. De inmediato supe que tendríamos que trabajar en la parte exterior de la casa, y no dentro.

Procedimiento seguido y resultados:

No me sorprendió lo más mínimo descubrir que la jardinería no era su fuerte. Se mostró incluso reticente a hablar siquiera de la parte exterior de la casa hasta que insistí en lo importante que era para su carrera profesional. Se quedó mirando con los ojos muy abiertos las malas hierbas y la desnuda suciedad que las rodeaba.

—¡No puedo creer que este patio tenga nada que ver con mi carrera! —exclamó.

Le propuse que se limitara a realizar algunas sencillas mejoras y a esperar a ver qué pasaba. Lo primero que tendría que hacer sería colocar dos grandes tiestos con flores rojas, por ejemplo geranios, uno a cada lado de las escaleras que conducían hasta su puerta de entrada. Ellos se encargarían de «dar la bienvenida» y resultarían de gran ayuda para regular el deteriorado chi.

A continuación, le sugerí que arrancara las malas hierbas de lo que había sido un parterre de flores y que plantara allí algunas flores de especies que necesitasen pocos cuidados, añadiendo un pequeño estanque para pájaros, con lo que estaría introduciendo el elemento agua, a la vez que atraería vida y revitalizaría el chi. En tercer lugar, le aconsejé que cubriera con una capa de hierba u hojas los lados de las escaleras para tapar las grietas y dar a la tierra una posibilidad de regenerarse. Cuarto, tendría que restaurar la «boca del chi» quitando el óxido de la rejilla de la puerta y pintándola del color correspondiente a la carrera profesional, el negro. Y quinto, debía colgar una campana tubular o un molinete que le gustaba cerca de la puerta de entrada para atraer el chi positivo. Estuvo de acuerdo en hacer todas esas cosas con tal de mejorar su carrera. En el interior de la casa, le indiqué cuál era la zona de cada habitación relacionada con la carrera profesional y me aseguré de que le quedaba claro que los objetos colocados en esas zonas actuarían como reafirmaciones del entorno e influirían en sus logros profesionales.

Dos semanas más tarde recibí una llamada suya. Parecía muy excitada. Tenía que explicarme lo que había ocurrido después de poner en práctica obedientemente todo lo que yo le había indicado. Incluso hasta había agregado un comedero para colibríes. Y aunque pareciera increíble, las cosas habían empezado a cambiar en el trabajo…, de forma radical. Dos clientes potenciales en los que llevaba interesada más de un año, habían firmado de repente contratando los servicios de su empresa. Apenas podía creerlo. Pero aquello no era lo mejor de todo:

—He firmado un contrato con el cliente más importante de toda mi carrera, ¡y me ha llamado él! Te aseguro —me dijo— que ha dejado de importarme tener las uñas cuidadas. Me dedico a cavar en mi jardín siempre que tengo tiempo, y ya parece un pequeño paraíso. He decidido que plantaré una flor por cada cliente nuevo con el que firme.

Esto sucedió hace dos años, y la carrera de Eve va viento en popa. Cuando sus colegas le preguntan cuál es el secreto de su éxito, ella siempre dice lo mismo:

—¿Has oído hablar del Feng Shui… ?

LA PUERTA DE DONNA

Esta es una de mis anécdotas favoritas porque demuestra lo poderoso que llega a ser el bagua tanto si quien se beneficia de su influencia sabe que está trabajando con él como si lo hace sin ser consciente de ello.

La madre de Donna le regaló una entrevista con una persona experta en Feng Shui, pues quería que su hija experimentase lo que es una consulta de este tipo. Cuando Donna me llamó para concertar la cita, le pregunté si realmente le apetecía recibir ese peculiar regalo. Me respondió con un entusiasta ¡SÍ!

Su casa se encontraba en un barrio en el que yo nunca había estado. Conduje despacio calle abajo, observando los alrededores. Era un barrio antiguo, en el que junto a magníficas mansiones, había también casas bastante míseras. Pero entre todas ellas había una destacaba de las demás. Era de película, y mostraba un excepcional cuidado por los más ínfimos detalles. Resultó ser la casa de Donna.

Aparqué y al bajar del coche me quedé de pie contemplando la casa unos minutos. Vi que había añadido un amplio porche en la parte delantera que llevaba hasta una nueva puerta de entrada, conformando así un vestíbulo cerrado. El anexo realzaba maravillosamente el bagua de la casa, con la elegante nueva puerta de entrada situada en la zona relacionada con la carrera profesional. La ampliación no se extendía a lo largo de toda la fachada, por lo que dejaba fuera la zona correspondiente al saber y la cultura, pero Donna había ajardinado ese espacio con una gran variedad de flores y un enorme árbol plantado precisamente en la esquina «perdida». ¡Me quedé impresionada!

Lo primero que le pregunté fue:

—¿Ha habido algún cambio en tu carrera profesional últimamente?

—¿Te lo ha explicado mi madre? —inquirió—. Acabo de ganar un fabuloso ascenso gracias al cual voy a trabajar en lo que siempre he querido hacer. He esperado muchos años para conseguirlo, pero había mucha competencia. Todavía me siento aturdida, y medio flotando cuando pienso en que realmente me ha correspondido a mí.

—Dime, ¿cuándo construiste esta nueva entrada? —le pregunté.

—Bueno, déjame pensar; fue un proyecto que duró unos tres meses y que se ha terminado hace más o menos un mes. Lo recuerdo porque corrí dando brincos por encima de todos aquellos tubos para ir a recoger mi ascenso por aquellos días. ¿Por qué lo preguntas?

Me eché a reír, pensando hasta qué punto su historia era perfecta. Le expliqué cómo, de acuerdo con el Feng Shui, había mejorado enormemente el chi relacionado con su carrera profesional al cambiar la entrada principal del modo en que lo había hecho. Mientras yo hablaba, ella no dejaba de repetir:

—Yo no sabía... Es increíble... ¡No tenía ni idea!

Hablamos de cómo decorar el nuevo vestíbulo de Donna de forma que quedara abierto y para evitar que se convirtiera en una zona en la que reinara el desorden. En lugar de ser recibido a la entrada por un perchero atestado de abrigos, le sugerí que colocara una mesa de cristal con un pie oscuro (lo que simbolizaría el elemento agua), asociada a la carrera profesional, así como un par de sillas que le darían al vestíbulo una cálida atmósfera de bienvenida. La nueva decoración dejaría además abierta la bonita vista del salón a través de las ventanas originalmente exteriores, que ahora formaban parte del vestíbulo. Había espacio más que suficiente para colocar el perchero detrás de la puerta, donde resultaría práctico pero no estaría a la vista al entrar en la casa.

—El hecho de mantener el umbral de tu puerta principal libre de obstáculos hará que tus invitados se sientan honrados y apreciados. Y en este caso además, reforzará continuamente el chi relacionado con tu carrera —le dije—. Emprenderás tu nuevo trabajo tras el ascenso con las ideas claras y la mente abierta, con un criterio comunicativo y con la energía necesaria para aceptar con elegancia todas las nuevas oportunidades que se presenten en tu camino.

Reafirmaciones del propio entorno relativas a la carrera profesional

Elija uno de los siguientes elementos o una combinación de varios de ellos para optimizar de forma personalizada las zonas relacionadas con su carrera profesional:

- Instalaciones de agua, como fuentes, saltos de agua o acuarios.
- Pósters, pinturas, collages, fotografías y cuadros que representen ríos, océanos, lagos, cascadas, estanques, etcétera.
- Imágenes y símbolos de su carrera profesional.
- Objetos de color negro o de tonos muy oscuros, como el azul marino, marrón oscuro, color chocolate y gris carbón.
- Objetos de formas casuales y libres.

* Espejos, vidrio y objetos de cristal.
* Citas, sentencias y refranes relativos a la carrera profesional.
* Cualquier otra cosa que personalmente asocie con la carrera profesional.

Sentencias útiles para favorecer la carrera profesional

Elija cualquiera de las siguientes sentencias que hagan vibrar sus sentido de la verdad, escríbalas y colóquelas en la zona de su hogar, lugar de trabajo, oficina, escritorio o cualquier otra zona relacionada con la carrera profesional con la que esté trabajando. También puede utilizarlas de guía para escribir sus propias afirmaciones personales.

Mi carrera es satisfactoria, inspiradora y lucrativa.

Crezco y prospero gracias a la realización de mi trabajo en la vida.

Expreso el objeto de mi vida a través de mi carrera.

Expreso mi creatividad, mi alegría y mi entusiasmo en mi trabajo.

Atraigo muchas oportunidades y circunstancias positivas.

Estoy abierto a conocer y a vivir mi verdadera llamada.

El mapa bagua

SABER Y CULTURA

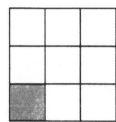

La zona relacionada con el saber y la cultura está situada en la parte frontal izquierda de la estructura con la que esté trabajando. (Véase mapa bagua de la página 97.)

Las enseñanzas del I Ching *relativas al saber y la cultura*

El trigrama del *I Ching* llamado *Kan*, que significa «Montaña», está asociado con el saber y la cultura. La lección que contiene establece que existe un vínculo directo entre una mente tranquila y una mente inteligente. Concentrar la mente en el conocimiento recién adquirido es un acto de valentía. Sin embargo, asimilamos mejor el conocimiento cuando cultivamos también la mente pacífica practicando regularmente alguna forma de «mantenernos aquietados», como la meditación, la contemplación y la introspección. La montaña simboliza el hecho de haber utilizado el tiempo necesario para ascender a las tranquilas cumbres de nuestro interior a contemplar nuestras propias experiencias y volver luego, habiéndolas asimilado. Ese es el acto de cultivarnos. Convertirse en un verdadero erudito es mucho más complejo que el simple hecho de reunir información. El conocimiento es considerado la simiente de la sabiduría. Crece gracias al sustento y la influencia tanto del estudio como de la contemplación. El *I Ching* nos recuerda que cuando pasamos tiempo en la montaña, los campos de nuestro conocimiento se vuelven exuberantes y fructíferos.

Fortalezca las zonas relacionadas con el saber y la cultura cuando:

- esté estudiando cualquier materia a cualquier edad;
- participe en cualquier actividad de automaduración o intercambio de opiniones; o
- desee cultivar un modo de vida y una mentalidad más apaciguados.

El bagua en acción: casos relacionados con el saber y la cultura

A SU MANERA

Christine y su hija Angie vivían en una suntuosa casa con vistas al océano. Poseían todo lo que se puede conseguir con dinero. Entonces, ¿por qué sufría Angie de insomnio?, ¿por qué se había convertido en una estudiante tan mediocre en los últimos meses? Siempre había sido una adolescente despierta y equilibrada. Ahora se la veía lánguida y pálida, y se inhibía de participar en los proyectos escolares que siempre le habían gustado. Christine, una madre observadora y responsable, se había asegurado de que no se trataba de un problema de drogas ni de la dieta. El médico de cabecera lo había calificado de la típica crisis de la adolescencia, pero Christine no se había quedado convencida, de modo que decidió recurrir al Feng Shui.

Me guió por su soleada casa, pero antes que nada, yo le pregunté si su hija había dado permiso para que yo examinase su habitación, un detalle muy importante en la práctica del Feng Shui. Ella me aseguró que sí.

La decoración del cuarto de Angie era sin duda la de una adolescente. Hacía poco que había pintado las paredes de un verde oscuro e intenso lo que me hizo sentir como si entrara en lo más profundo de un bosque en una noche cerrada. También había cambiado de lugar todos los muebles. Tomé buena nota de que la puerta de la habitación se encontraba a la izquierda, en la zona relacionada con el saber y la cultura. Detrás, de modo que impedía que se abriera hasta más de la mitad, había un cesto para la ropa sucia. Le pregunté a Christine si los cambios en el entorno habían coincidido en el tiempo con el inicio del insomnio y el bajo rendimiento en los estudios. Permaneció en silencio mientras hacía memoria, y cayó en la cuenta de que había sido poco después de que Angie cambiara por completo el aspecto de su habitación cuando su estado de ánimo empezó a agriarse. Y empeoraba a medida que iban pasando los días. De repente, pareció estar dispuesta a poner patas arriba la habitación, pintarla de blanco y devolver los muebles a los lugares que habían ocupado antes.

—¡No puedo creer que hacer cambios en una habitación pueda cambiar hasta ese punto a una persona! —exclamó.

La persuadí de que lo mejor que podíamos hacer era tranquilizarnos y examinar la estancia con más detenimiento. Me llamaron la atención los pósters de grupos punk y rock que colgaban en la zona relacionada con la salud, justo enfrente de la cama. Los esqueletos y los cuchillos ensangrentados que mostraban eran lo bastante horripilantes como para quitarme el sueño incluso a mí. Además, aquellas paredes de color verde oscuro que se hacían más y más opresivas a medida que permanecíamos allí, desafiaban cualquier tipo de iluminación y claridad, por brillante que esta fuera.

Angie también había trasladado el escritorio al fondo de la habitación, situándolo de tal manera que la silla quedaba de espaldas a la puerta. A esto había que añadir lo atestada que estaba la mesa de revistas, alhajas, cinturones y fulares, de modo que no quedaba espacio para estudiar.

—Al principio, cuando quiso redecorar la habitación cambiando por completo la distribución de todos los muebles, el escritorio aún estaba impecable —dijo Christine—. Pero eso duró poco.

Procedimiento seguido y resultados:

—Los cambios que voy a proponerte deben ser aceptados por tu hija —le expliqué—, de lo contrario lo más probable es que no funcionen.

—Ahora se siente tan desgraciada —se lamentó Christine— que creo que se mostrará muy receptiva a tus ideas.

Empecé por sugerirle que colocara el cesto de la ropa sucia en uno de los grandes armarios que había en la estancia, de manera que la puerta pudiera abrirse por completo.

—Eso hará que se sienta totalmente abierta a cualquier oportunidad favorable que se presente en la vida —le expliqué.

En segundo lugar, el color verde oscuro de las paredes tenía que desaparecer. Una posibilidad era que cubriera la pintura empapelando la habitación con algún color pastel. Le aconsejé que le dejara escoger el papel, pero que intentara orientarla hacia los modelos de colores neutros y sin demasiado dibujo. También podía dejar el verde por debajo de una franja color pastel a la altura de una silla y de ahí hacia arriba empapelar.

—Este verde es demasiado oscuro y cubre demasiada superficie; cualquiera se sentiría deprimido y oprimido viviendo así —le dije.

Tercero: teníamos que hacer algo con los pósters, aunque Angie creía realmente que le gustaba la violencia representada gráficamente en aquel tipo de arte, así que apunté dos posibilidades: lo ideal sería descolgarlos y sustituirlos por otro tipo de arte gráfico más suave y sugestivo. Pero si insistía en conservarlos, lo mejor sería mover la cama hasta un lugar desde el que no llegara a verlos antes de acostarse. Christine empezó a tramar un plan para llevar a Angie de compras con la intención de adquirir otro tipo de pósters. Le advertí que si su hija no estaba dispuesta a cambiarlos, probablemente lo único que conseguiría era que comprase otras obras del mismo estilo.

—Es mejor que esperes a que ella misma te lo pida cuando esté preparada —le recomendé.

En cuarto lugar, había que colocar el escritorio cerca de la puerta, en la parte delantera de la habitación, es decir, en la zona relacionada con el saber y la cultura. Allí sería lo primero que vería al entrar en su habitación, y además esa situación le permitiría controlar la puerta cuando se sentara a la mesa. También era esencial que tuviera una lámpara de mesa potente y que la mantuviera encendida día y noche para atraer y reforzar el chi hasta que Angie volviera al buen camino.

Toda la parafernalia esparcida sobre el escritorio me indujo a examinar los armarios, que eran un completo caos. Hablamos de equiparlos con compartimientos que le resultaran verdaderamente útiles, con muchos cajones y perchas adecuadas para su personalísimo vestuario.

No volví a saber nada de Christine durante meses. Un día me la encontré por casualidad y le pregunté cómo estaban ella y su hija.

—Ah, estupendamente —dijo—. A partir de nuestra entrevista empezaron a suceder todo tipo de cosas positivas.

Entonces se puso a explicarme la serie de acontecimientos de los últimos meses. Angie había ido siguiendo paso a paso todas mis sugerencias. Al principio sólo se mostró dispuesta a cambiar de lugar el cesto de la ropa sucia y el escritorio. Pero Christine estaba convencida de que en cuanto colocara el escritorio cerca de la puerta, su hija empezaría a utilizarlo realmente para sus trabajos escolares. Luego notó que Angie había apartado la cama de los pósters, y que desde entonces dormía mucho mejor.

—Dejó la habitación así durante un par de meses, y yo pensé que ya había hecho suficiente, pues se la veía con más energía y se mostraba más participativa en las actividades escolares —aseguró Christine—. Pero un día vino diciendo que quería pintar las paredes de blanco, como había hecho una de sus amigas.

Entonces, Angie y su amiga se pasaron la mayor parte de un fin de semana cambiándole la cara a su habitación, y el resultado fue deslumbrante.

—A partir de aquel fin de semana, volvió a ser ella misma —recordó Christine—. Se convirtió de nuevo en la inquieta polvorilla que yo había conocido siempre. ¡Creo que será actriz!

—¿Y qué pasó con los pósters? —le pregunté.

—Bueno —respondió Christine—, tuvieron que descolgarlos para pintar la habitación, y Angie no volvió a ponerlos. Ahora le ha dado por los ángeles, y tiene la habitación llena.

UNA CARRERA EN EL VACÍO

Jenny quería que una persona experta en Feng Shui la aconsejara acerca de los planes que tenía en mente para mejorar su vivienda. Consciente de que llegaría a su hogar tras largas jornadas de trabajo y las clases nocturnas, dejaba correr su imaginación acerca de todo tipo de posibles mejoras para su casa. Puesto que la mayor parte de sus planes implicaban necesariamente la idea de tirar tabiques y ampliar habitaciones, decidió que había llegado el momento de pedir consejo a un profesional que corroborara sus fantasías. En la primera conversación telefónica que mantuvimos, ya tuve la certeza de que Jenny era un torbellino de energía, pues casi no me dejó acabar de pronunciar una frase completa en todo el tiempo en que «estuvimos» hablando. Sus procesos mentales me parecieron tan delirantes y caóticos que acabaron por aturdirme. Sentí un interés casi morboso por conocer su casa.

El hogar de Jenny tenía forma rectangular; la puerta principal estaba situada en la zona relacionada con la carrera profesional y el garaje en la correspondiente al saber y la cultura. Salió como una exhalación a recibirme y me arrastró a un velocísimo recorrido por toda la casa. Mientras trotábamos de una estancia a otra me fue explicando en líneas generales su inacabable torrente de fantasías e ideas acerca de cómo hacer la casa más grande, mejor, más soleada y mucho más bonita. Nuestra carrera se detuvo bruscamente al llegar a la puerta interior del garaje. Jenny se dio media vuelta y me dijo, conduciéndome de vuelta al salón, que el garaje no entraba en sus proyectos.

—Pero es parte de la casa, Jenny, y desde el punto de vista del Feng Shui todas las zonas tienen importancia —le expliqué.

—Bueno, por lo que a mí concierne esa parte no importa —me contradijo.

Le propuse que nos sentáramos a conversar acerca de los principios del Feng Shui y del mapa bagua. Si después de esa charla continuaba pensando que yo no tenía por qué ver el garaje, me resignaría. Me daba cuenta de que no le gustaba la idea, pero insistí en ello porque algo me decía que era justamente allí donde residía el principal problema. Le expliqué que el chi del garaje estaba interrelacionado con el resto de la casa, y que en su caso se hallaba situado en la zona concerniente al saber y la cultura. Era además una zona especialmente importante puesto que ella estaba matriculada en una academia nocturna. Contrariamente a su característica forma de ser, se mostró sorprendentemente serena al vislumbrar ese inesperado atisbo de conocimiento. ¡Todo lo que ella esperaba realmente del Feng Shui era que le dijeran qué tabiques tenía que tirar!

—Los objetos que tienes en el garaje se están comunicando contigo continuamente. Asegúrate por lo menos de que te transmiten cosas agradables.

—Ni siquiera estoy segura de que allí podamos pensar adecuadamente —gimió—, pero si quieres verlo, adelante.

Como me temía, el garaje era un completo y absoluto caos, una especie de collage compuesto de muebles y todo tipo de cosas apiladas y colgadas en diferentes ángulos formando una montaña informe que llegaba hasta el techo. Jenny se las había arreglado para excavar un espacio en el que cabía el coche, aunque la senda que llevaba desde éste hasta la puerta que comunicaba con la casa apenas era discernible.

—¿Qué quieres que te diga? Siempre pienso que un día podré utilizar todo esto, o venderlo, o regalárselo a alguien que lo necesite —me explicó—. ¿Estás insinuando que toda esta basura afecta mi capacidad de raciocinio?

—No a tu capacidad de razonar, pero sí a hacerlo con lucidez —respondí—. Lo más probable es que cada vez que entras con el coche aquí, o incluso cada vez que piensas en el garaje se te embote la mente.

—¡Caray!, quizá por eso me sienta siempre tan inquieta —espetó—. Constantemente me siento abrumada por todo lo que tengo que hacer. Nunca estoy tranquila.

—Y todavía quieres hacer más cosas con la casa... —apunté—. Permíteme sugerirte que consideres el garaje tu proyecto prioritario. Límpialo, ordénalo y probablemente cambie tu vida. La tarea que el Feng Shui te asigna es: organiza un gran mercadillo con todo lo que tienes aquí, pon orden en el garaje y aprende alguna técnica introspectiva o de meditación. Te aseguro que tu claridad mental y tu serenidad mejorarán de forma espectacular.

Procedimiento seguido y resultados:

Nuestra entrevista hizo que Jenny se sumergiera en una búsqueda personal en lo más profundo de su alma. ¿Por qué conservaba todos aquellos trastos viejos en el garaje? ¿Se había matriculado realmente en el curso más adecuado? En cualquier caso, ¿por qué se sentía siempre tan ansiosa y hacía las cosas con tanto frenesí? Se dio cuenta de que en lo más profundo de su ser estaba completamente exhausta y de que necesitaba dedicar algún tiempo a sí misma. Organizó tres mercadillos de barrio para ir reduciendo poco a poco toda la cantidad de chatarra que había acumulado en el garaje, con lo que ganó una cantidad de dinero nada despreciable. Utilizó ese dinero extra para aprender técnicas de meditación y tomarse un descanso más que necesario en un refugio de montaña. Cuando volvió a la ciudad había decidido continuar con sus estudios, pero reduciéndolos a una sola noche por semana para disponer así de más tiempo de «inactividad».

Durante nuestra última conversación noté que podía hablar sin que me interrumpiera a cada frase, y que estaba más tranquila y relajada.

—¿Qué hay de tus proyectos de ampliar la casa? —le pregunté.

—Ah, olvídalo —respondió—. Me he dado cuenta de que tengo espacio más que suficiente para todo. Todavía no puedo creer que hacer limpieza de aquel horrible desastre que era mi garaje pueda estar relacionado con el hecho de que disfrute más de mi vida, pero todo parece indicarme que eso es exactamente lo que ha sucedido.

Reafirmaciones del propio entorno relativas al saber y la cultura

Elija uno de los siguientes elementos o una combinación de varios de ellos para optimizar de una manera personalizada la zona bagua asociada al saber y la cultura:

- Libros, cintas y otros soportes susceptibles de estudio.
- Pósters, pinturas, collages y fotografías de montañas y lugares apacibles, así como imágenes de maestros y personas sabias que hayan influido en su vida en los terrenos de la meditación, la contemplación o el reposo.
- Objetos de color negro, azul y verde.
- Citas, sentencias y refranes inspirados en el saber y la cultura.
- Cualquier otra cosa que personalmente asocie con el saber y la cultura.

Sentencias útiles para favorecer el saber y la cultura

Entre las siguientes afirmaciones elija las que le hagan vibrar, escríbalas y colóquelas en las zonas de su hogar, oficina, escritorio o cualquier otro lugar relacionadas con el saber y la cultura con las que esté trabajando. También puede utilizarlas como guía para escribir sus propias afirmaciones.

Asimilo con facilidad y satisfacción nuevos conocimientos e información.

Confío en mi proceso de aprendizaje.

Consciente de que estoy aprendiendo y creciendo constantemente, puedo experimentar sin estrés cada momento de mi vida.

Comparto mis conocimientos con otras personas de forma pacífica y serena.

Soy una persona sabia y juiciosa.

Sé qué decir y hacer en cualquier situación.

EL CENTRO
DEL MAPA BAGUA

El centro del mapa bagua se considera una zona neutra en la que se verifica el equilibrio perfecto entre el yin y el yang, un lugar de paz. No existe ningún trigrama ni tampoco un aspecto específico de la vida asociado a él. La vida fluye en círculos alrededor del centro. Es una zona ideal para dedicarla a la meditación y a la contemplación, o para situar una estancia «reservada», un atrio o algún objeto o pieza artística que le recuerde que usted es el centro de todas sus actividades. El centro del bagua está relacionado con el elemento tierra, lo que sugiere la importancia de organizar nuestras vidas de forma que fluyan alrededor de una base sólida. Se ve fortalecido cuando creamos nuestros paraísos personales para vivir y trabajar en ellos, y también cuando cultivamos el sentimiento de estar arraigados y centrados en nosotros mismos.

El elemento tierra está relacionado con el color amarillo y con todas las tonalidades terrosas. También lo simbolizan las formas del cuadrado y el rectángulo. Piense en una moneda china y verá la forma cuadrada que simboliza la tierra recortada en su centro.

Soy atraído por la belleza como un árbol
es atraído por la luz o un animal por el.
agua. La belleza es sustento, es una
realidad que no prescinde de
aquellas cualidades que se consideran
desagradables, sino que alude
a la verdad que hay
en la naturaleza de las cosas.

ANDY GOLDSWORTHY

8

Las herramientas básicas
del Feng Shui para realzar el chi

El tiempo y la experiencia han demostrado que existen una serie de herramientas básicas del Feng Shui que constituyen la solución para tratar, estabilizar, realzar y equilibrar el chi de un entorno determinado. Puede seleccionar algunos elementos de la siguiente lista para mejorar su hogar o lugar de trabajo en general, o bien cuando esté trabajando con el mapa bagua.

Si quiere sacar el máximo provecho de los elementos beneficiosos para el chi, asegúrese de que realmente le gustan los que ha seleccionado. Hágalos suyos. Existen infinitas combinaciones que puede elegir para obtener resultados positivos y placenteros. Deje que su creatividad y estilo personales se reflejen en su forma de practicar el Feng Shui. Sus elecciones siempre serán más eficaces si le resultan placenteras cada vez que las observa.

Las diez herramientas básicas son:

1) *Colores*

Los colores siempre nos rodean y ejercen una poderosa influencia sobre nosotros. Estamos condicionados por las numerosas asociaciones y significados simbólicos, culturales y estacionales que se les otorga. Pero no hay que olvidar que si bien en Norteamérica el blanco es el color asociado a los matrimonios y a la pureza, en China este mismo color se asocia a menudo con la aflicción y la muerte. Igual sucede con el rojo usado frecuentemente en Europa para alertar de un peligro, mientras que en China es el color por excelencia de las celebraciones y la buena fortuna, y con el negro que para el mundo occidental simboliza el luto y la muerte, y en China se asocia al abundante flujo de riqueza y a las circunstancias propicias o favorables.

En el Feng Shui, los colores son prioritariamente utilizados para representar los cinco elementos y las nueve zonas del mapa bagua. Rodearnos de ciertos colores equilibra globalmente el chi de los entornos en que nos movemos. Podemos provocar cambios positivos y estimular la vitalidad aplicando con un propósito específico determinados colores que mejorarán nuestro hogar o nuestro lugar de trabajo. Cuando trabaje con el color como una de las herramientas del Feng Shui, elija siempre tonalidades que personalmente le gusten. El color rojo puede variar en un amplio espectro, desde el rosa hasta el borgoña; el azul desde el celeste al marino, etcétera. Con los colores debe hacer lo mismo que haría con cualquier otro elemento favorecedor del bagua, es decir, considerarlos una poderosa herramienta para crear su paraíso personal. Y por supuesto, si los colores específicos del bagua no le resultan atractivos, elija otra forma de realzar el bagua o equilibrar los elementos.

Hablamos en plural de las asociaciones del color porque, como se ha dicho ya, cada uno de los colores ofrece una miríada de variaciones y tonalidades distintas. (Véase la tabla de la página siguiente.)

Los colores de las zonas bagua se pueden utilizar de muy diversas maneras. Una pared situada en la zona correspondiente a la riqueza puede pintarse de intenso color lavanda, azul o rojo, o bien con tenues tonos pastel de los mismos colores. Las obras de arte de cualquier tipo pueden ser escogidas por sus colores, por ejemplo un rollo de pergamino con caracteres caligrafiados en negro en la zona relativa a la carrera profesional, un paisaje azul y verde en la zona asociada a la salud y la familia o una escultura de alabastro rosa que represente a dos amantes en la zona correspondiente al amor y al matrimonio. El mobiliario y la tapicería pueden ser también complementos bagua llenos de color, como una estantería para libros de color verde en la zona asociada al saber y la cultura, una butaca de lectura tapizada en piel de color borgoña en la zona relacionada con la fama o una lustrosa mesa blanca en la zona de los hijos y la creatividad.

Asimismo, el color se puede emplear de forma sutil o con intensidad para equilibrar y realzar los cinco elementos, o basarse en él como única forma de trabajar con los elementos. Un ejemplo que mostraría los cinco elementos representados en una habitación sólo mediante la utilización del color sería una estancia con una alfombra de color verde esmeralda (madera), paredes de color melocotón o malva (fuego), el techo de un tono terroso como el marrón oscuro o el beige (tierra), mobiliario de color blanco crudo (metal) y complementos oscuros o negros (agua).

También se puede transformar una habitación muy neutra colocando en ella una pieza bien escogida llena de color que represente por sí sola los cinco elementos.

ZONA BAGUA	ELEMENTO	COLORES
Salud y familia	Madera	Azules y verdes
Riqueza y prosperidad		Azules, rojos y púrpuras
Fama y reputación	Fuego	Rojos
Amor y matrimonio		Rojos, rosas y blanco
Creatividad e hijos	Metal	Blanco y colores pastel
Personas útiles y viajes		Blanco, grises y negros
Carrera profesional	Agua	Negro y tonos oscuros
Saber y cultura		Negro, azules y verdes
Centro	Tierra	Amarillos y tonos terrosos

2) Espejos

Los espejos activan, realzan y hacen circular el chi. Desde el punto de vista del Feng Shui, solucionan muchos problemas haciendo que ciertas estancias parezcan más espaciosas, intensificando la iluminación existente, proporcionando protección, reflejando el chi, sacando a relucir paredes «desaparecidas» y duplicando ventanas y vistas. Conocidos popularmente como las «aspirinas del Feng Shui», los espejos son adecuados para abrir espacios pequeños y para restablecer el equilibrio en zonas claustrofóbicas o arquitectónicamente sesgadas. A menudo se utilizan en los vestíbulos para dar sensación de grandeza al entrar en el edificio. Cuando en una estancia hay dos paredes a distinta altura, se puede colocar un espejo en la más baja para elevar el chi y equilibrarla desde el punto de vista aquitectónico. Pero si lo que sucede es que en una estancia sobresalen las esquinas o bien bajan hasta ella escaleras carenadas desde un piso superior, los espejos habrá que colocarlos de forma que reflejen todos esos agresores estructurales, haciendo que el chi desande su camino y mantenga su flujo.

La voz de la experiencia indica que, en general, el tamaño adecuado de cualquier espejo que coloquemos desde la perspectiva del Feng Shui es «cuanto más grande mejor». Cubrir completamente una pared con un espejo suele generar un cambio dinámico y positivo en la estancia, fortaleciendo a la vez una o varias zonas bagua. En cualquier caso, pequeños o grandes, los espejos se deben colgar de forma que reflejen por lo menos toda la cabeza, ya que el mero hecho de que la imagen que le devuelve el espejo esté cortada y le obligue a agacharse o a ponerse de puntillas si quiere verse entero, puede mermar considerablemente el chi. Evidentemente, habrá que quitar todos los espejos que distorsionen o fragmenten la imagen, como sucede con los embaldosados de espejo, modelos de fantasía biselados o los espejos antiguos que devuelven una imagen borrosa.

Por lo que respecta a los cinco elementos, los espejos están relacionados con el agua. Debido a que ésta controla al elemento fuego, con frecuencia se los coloca sobre las chimeneas para equilibrar el ardiente chi en el sereno reflejo del agua.

Los espejos pueden utilizarse también teniendo en cuenta las formas que corresponden a cada una de las zonas bagua. Así pues, un espejo ovalado o circular, formas asociadas al elemento metal, puede usarse para fortalecer la zona relacionada con la creatividad y los hijos. Otra posibilidad es enmarcarlos con el material o el color asociado al bagua correspondiente. La disposición vertical, alusiva a una columna, del clásico espejo de armario, si se enmarca en madera es un estímulo perfecto para la zona relacionada con la salud y la familia. Los espejos pueden también proporcionar una confortable sensación de seguridad en cualquier estancia. Colocados de forma que reflejen la entrada a una habitación, aportan actividad a las personas que suelen sentarse dando la espalda a la puerta.

Pero también hay muchos lugares en los que no resulta aconsejable colocar ningún espejo. Colgados al fondo de un largo pasillo, sólo consiguen doblar su longitud. Es mejor disponerlos transversalmente, junto a las puertas que dan al pasillo; eso lo ensanchará y ajustará el chi de las personas que atraviesan el umbral. Frente a la cama, pueden amedrentar a los durmientes, especialmente a las personas que suelen levantarse durante la noche al verse reflejadas en ellos, por lo que hay que evitar colgarlos ahí.

Recuerde: los espejos estimulan y hacen fluir el chi, por lo que pueden atraer al dormitorio una excesiva cantidad de energía «despierta». Por otra parte, no importa su tamaño ni lo bonitos que sean, enfrentados crean imágenes que parecen transportarnos al infinito, desorientándonos y haciendo que nuestro chi vital mengüe.

3) *Iluminación*

El concepto de iluminación incluye desde la luz eléctrica (ya sea por incandescencia o halógena), hasta las lámparas de aceite, las velas y la luz del sol. A menudo la iluminación es un medio rápido y sencillo de atraer chi adicional a una determinada zona, a la que proporciona calidez y claridad, y por supuesto, resulta especialmente adecuada en las zonas en penumbra. También se utiliza la luz para elevar simbólicamente un techo bajo; en este caso dirigir los focos hacia arriba.

En los exteriores pueden utilizarse faroles u otro tipo de alumbrado para fijar una zona bagua ausente en la casa. Si la propiedad está localizada junto a la ladera de una montaña o en cualquier otra zona baja, será conveniente instalar luces en las cuatro esquinas de la casa para elevar simbólicamente su ubicación.

Igual que sucede con las demás herramientas básicas del Feng Shui, en este caso también se pueden escoger los focos de iluminación atendiendo al color o el elemento correspondiente a una determinada zona bagua; así por ejemplo para la zona relacionada con la fama y la reputación lo más adecuado sería una lámpara roja, mientras que en la relativa a la salud y la familia habría que incluir velas de color verde y azul.

Los típicos tubos fluorescentes emiten sólo parte del espectro luminoso, por lo que merman el chi de cualquier estancia, así como el de las personas que trabajan o viven en ella. La iluminación proporcionada por los fluorescentes se puede corregir con bombillas que emitan el espectro luminoso en su totalidad, lo que en parte resuelve el problema. Con todo, los tubos fluorescentes parpadean, y eso hace que el chi de las personas mengüe. La iluminación por incandescencia y la iluminación halógena, utilizadas en una o varias de las zonas bagua, incluso en una estancia iluminada básicamente por fluorescentes, son doblemente útiles, puesto que refuerzan la zona bagua específica y a la vez ayudan a equilibrar la iluminación en general. Siempre que le sea posible, reduzca al máximo o elimine por completo la iluminación con fluorescentes cuando deba estar directamente expuesto a ella durante largos periodos de tiempo.

Las chimeneas son de por sí una magnífica fuente de luz y calor, y por supuesto poderosas representaciones del elemento fuego. Sin embargo, puesto que suelen tener un tamaño considerable, pueden resultar demasiado ardientes, y en realidad «quemar» el chi de la zona en que estén situadas. Para equilibrar la fuerza de una chimenea haga lo siguiente:

- Téngala siempre a punto, es decir con los troncos dispuestos; eso dará la sensación de que hay fuego y le proporcionará un punto estéticamente agradable en el que concentrar su atención.
- Por lo que a los cinco elementos se refiere, equilibre el fuego colocando un símbolo del elemento agua cerca de ella, como por ejemplo un cuenco o un móvil con agua, un espejo, mamparas de cristal para la chimenea o cualquier objeto decorativo de cristal.
- Coloque plantas sanas, flores frescas o una pantalla original ante la boca de la chimenea cuando no la utilice.
- Sea creativo e imprima su propio estilo a la «gruta» en la que puede convertir la boca de su chimenea utilizando velas, minerales, centros de pétalos secos y esencias, cuencos con agua, estatuas, incienso, etcétera.

4) *Cristales*

En el Feng Shui se utilizan cristales tallados de forma redonda para equilibrar el chi que fluye excesivamente rápido o demasiado lento para el bienestar del ser humano. Los cristales dispersan el exceso de chi violento y activan el chi perezoso. Como elementos reguladores, pueden atraer y hacer fluir el chi desde una pequeña ventana o bien romper el flujo demasiado veloz de éste y hacerlo circular adecuadamente cuando baja como un torrente por el hueco de una escalera o cruza un vestíbulo a la velocidad del rayo. Debido a sus dimensiones, se utilizan a menudo en lugares en los que no hay espacio suficiente para instalar otro tipo de soluciones, por ejemplo, en un pasillo estrecho o un vestíbulo diminuto. Colgados del techo, cumplen su función, hacer circular el chi, sin entorpecer el paso, lo que puede ser una ventaja nada despreciable en la típica casa u oficina occidentales. Pero, independientemente de su tamaño, los cristales son poderosas herramientas para dirigir el chi y pueden utilizarse como objetos que fortalecerán constantemente cualquier zona bagua o para equilibrar problemas estructurales.

El cristal tallado característico del Feng Shui tiene forma redondeada, lo que permite que el chi de una determinada zona circule enteramente. En cuanto al tamaño, depende de las dimensiones de la zona en que vaya a ser colgado, aunque no es conveniente que sea demasiado grande, ya que de lo contrario parecerá que nos puede caer sobre la cabeza. Por lo tanto, un cristal redondo, tallado en múltiples facetas, y de un tamaño aproximado al de una moneda grande bastará para los propósitos del Feng Shui.

No obstante, hay también otros perfiles, como los cristales tallados octogonales, en forma de corazón o lágrimas, colocados cerca de las ventanas, para captar la luz del sol e inundar la zona de destellantes arco iris que son magníficos activadores del chi. Los arco iris tienden a exaltar el chi de las personas, y son una excepcional manera de recoger en la estancia los colores relacionados con todos los elementos.

Los vidrios tallados están asociados específicamente con el elemento agua, y se pueden utilizar para equilibrar zonas dominadas por el elemento fuego, como ventanas muy soleadas.

5) Fuentes de sonido

Los objetos capaces de producir sonidos armoniosos al ser movidos por el viento, campanas e instrumentos musicales, están «llamando» con su resonancia al chi benéfico. Sus atractivos sonidos atraen nuevas oportunidades en cualquier zona bagua, como las relacionadas con la carrera profesional, el amor o la creatividad, en la que estén colocados.

Es importante que los sonidos que emitan esos objetos resulten absolutamente melodiosos. Por ejemplo, las campanas tubulares pueden sonar de forma celestial o disonante: elija las que eleven su espíritu con su sonido.

Los instrumentos musicales también se pueden colocar estratégicamente en una zona bagua que necesite un chi afinado. Uno de los instrumentos que más se utilizan para realzar el bagua son las flautas de bambú, colgadas a la altura adecuada para elevar y dirigir el chi.

Una música suave y dulce o grabaciones de sonidos extraídos de la naturaleza, capaces de evocar el océano, una pradera o un bosque, pueden ser una poderosa forma de elevar el chi o de apaciguar y aquietar el ambiente tanto en una oficina vertiginosamente activa como cualquier entorno del hogar. La música proporciona además cierta cantidad de chi positivo adicional a cualquier zona bagua. Determine qué tipo de música despierta en usted reflexiones y sentimientos románticos, creativos o de carácter práctico y utilícela para fortalecer las zonas bagua con las que esté trabajando.

6) Seres vivos

Este apartado engloba todo aquello que requiere ser sustentado regularmente, como las plantas, flores, animales de compañía y fauna en general.

Las plantas saludables y las flores frescas son poderosos portadores de chi positivo. De acuerdo con el Feng Shui, pueden ser utilizadas con éxito en cualquiera de las zonas bagua. Tanto las plantas que dan flores como las flores ya cortadas se pueden seleccionar teniendo en cuenta los colores correspondientes a cada zona bagua, así como los jarrones y macetas en que se coloquen. Por ejemplo, una gloxinia de color violeta plantada en una maceta de cerámica azul puede revitalizar la zona asociada a la salud, un ramo de claveles rojos en un florero también rojo realzará la zona correspondiente a la fama, mientras que un ciclamen de un blanco inmaculado en un cesto también blanco puede reforzar la zona correspondiente a la creatividad y los hijos.

Cuando se trate de elegir plantas, busque aquéllas cuyas hojas sean anchas, redondeadas, «amistosas», como el *jade* o el pothos, o que tengan un aspecto general suave y elegante, como el ficus y la mayoría de las palmas. Las plantas con hojas angulosas o puntiagudas de aspecto amenazador no son en absoluto recomendables para fortalecer las zonas bagua. A esta categoría pertenecerían por ejemplo la yuca y el sagú. Las reconocerá de inmediato: son plantas cuyas puntas «muerden». Asegúrese de que coloca cada tipo de planta en el lugar en que reciba la luz adecuada para sus necesidades. Por regla general, los cactus con espinas no son recomendables, a menos que personalmente los asocie positivamente a una zona bagua.

Las plantas y flores de plástico o seda se pueden utilizar para sustituir a las plantas vivas cuando no se dispone de luz suficiente o las circunstancias hacen que su cuidado suponga un problema. Tanto si se trata de plantas vivas como artificiales, lo realmente importante es que su aspecto sea saludable y lozano. Las de aspecto marchito y descuidado sólo hacen que merme el chi allí donde estén. Asegúrese de mantener sus plantas bagua alegres y saludables. Corte las flores en cuanto empiecen a marchitarse, y retire las plantas de las macetas cuando estén enfermizas, desmochadas o infestadas de insectos. NO se recomienda en absoluto utilizar ninguna zona bagua a modo de «hospital para plantas».

En el exterior, los árboles y jardines pueden equilibrar el bagua cuando están ubicados en zonas que necesitan ser fortalecidas. Así pues, un bonito árbol situado en una «esquina» puede completar una edificación en «L» otorgándole una forma cuadrada. Ajardinar el espacio existente alrededor de los árboles aporta mayor cantidad de chi energético a la zona. Se pueden elegir plantas y flores que representen los colores y las formas específicamente relacionados con la zona bagua con la que se esté trabajando, como por ejemplo rosas de un rosado pálido en la zona asociada al amor o impatiens rojas en la correspondiente a la riqueza. Su jardín bagua se puede transformar en un lienzo salpicado de distintas especies; una obra de arte única y dinámica que le sacie de belleza y energía cada vez que la mire.

Las plantas y las flores simbolizan el elemento madera, por lo que se las puede utilizar para equilibrar un entorno dominado por el elemento tierra, como por ejemplo una casa cuadrada cuyas ventanas y puertas, además del mobiliario, sean también cuadradas y rectangulares. Muchos de nuestros edificios del mundo occidental coinciden perfectamente con esta descripción.

Los animales de compañía, igual que las plantas y las personas, necesitan ser tratados con cariño y ternura, por lo que si cuida de ellos, le recompensarán sobradamente con su vitalidad y su personalidad. Incluso cuando ya son viejos, si se sienten amados y se les da el cuidado que necesitan, los animales de compañía continúan realzando el chi durante sus años dorados. Sin embargo, un animal del que no se cuide adecuadamente, hará que el chi del entorno en que vive disminuya extraordinariamente. No le quepa la menor duda de que todos los animales domésticos necesitan ver satisfechas sus necesidades, desde el hámster de los niños hasta el pececillo de colores o los nuevos gatitos. También atraemos mayor cantidad de chi vital alimentando pájaros en libertad o cualquier otro tipo de animales cuando ello sea posible. Un espacio consagrado a la fauna local puede ser una magnífica elección para fortalecer una zona bagua que se encuentre al aire libre. Un simple comedero para pájaros colocado en una ventana en medio de la ciudad puede acercar hasta nosotros la naturaleza y nutrirnos con su chi todos los días.

Tanto los animales salvajes como los domesticados están asociados al elemento fuego.

7) *Objetos de la naturaleza*

Los objetos de la naturaleza son aquellas cosas que no necesitan ser cuidadas o mantenidas activamente: minerales, piñas, flores secas, madera de deriva, conchas, centones de pétalos e incienso. Cuando están dotados de significado personal, todos estos objetos pueden ser poderosos fortalecedores del chi de su hogar u oficina. Una bonita concha hallada durante la luna de miel es un objeto perfecto para la zona bagua relacionada con el amor y el matrimonio. Unas semillas recogidas durante un viaje de negocios pueden simbolizar una carrera floreciente. Las piedras y minerales con todos los colores del arco iris son recordatorios de la expresividad artística en la zona bagua relacionada con la creatividad.

A un arreglo floral bagua situado al aire libre se le pueden incorporar objetos naturales como piedras, cantos rodados y troncos. Seleccionados por su forma, tamaño y manchas de color, a las piedras y rocas a menudo se les otorga un gran valor como objetos artísticos en China, y pueden resultar tan caras como estatuas algunas esculturas elaboradamente talladas, ya que se las considera grandes depósitos de energía natural que proporcionan una enorme cantidad de chi positivo a la zona bagua en la que se colocan. Cuando los troncos, la madera de deriva y las ramas adoptan formas esculturalmente bellas, estimulan nuestra imaginación y realzan el chi. Entonces se las puede colocar como elementos principales o como complementos para realzar cualquier zona bagua en un jardín. Todos los objetos naturales poseen muchas caras distintas y diversas perspectivas desde las que observarlos. Cuando trabaje con ellos, colóquelos de forma que sus características más inspiradoras se vean realzadas y destaquen como lo haría una joya en su engarce.

8) *Estructuras acuáticas*

Las estructuras acuáticas, tanto de interior como exteriores, mueven y estimulan el chi. Las fuentes y los saltos de agua poseen un componente visual y otro auditivo, que contribuyen a hacer fluir y refrescar el chi, además de proporcionarnos un lugar agradable en el que deleitar tanto el sentido de la vista como el del oído.

Asegúrese de ajustar el sonido hasta que le resulte «perfecto» ya que, tanto dentro como fuera de la casa, las fuentes ajustadas incorrectamente pueden aumentar considerablemente la cantidad de visitas que haga al cuarto de baño.

Las fuentes y saltos de agua de interior constituyen excelentes elecciones para realzar el chi de cualquier zona bagua de su hogar o lugar de trabajo. Se las considera especialmente eficaces para las relacionadas con la riqueza y con la carrera profesional, puesto que el elemento agua está directamente asociado al flujo de dinero. Una fuente o un salto de agua puede ser el elemento central de un delicioso refugio en el interior de su casa si se complementa con plantas, rocas y otros objetos de la naturaleza.

Las instalaciones con agua también son excelentes para equilibrar zonas bagua exteriores «desaparecidas» así como para realzar el chi de la parte exterior de su hogar u oficina. Colocadas de modo que «rellenen» el lugar en el que estaría la esquina o el muro externo del edificio, además de completar simbólicamente la estructura de éste, garantizan un flujo y circulación constantes de chi vivificante. Para equilibrar realmente una estructura, las instalaciones exteriores deben tener un tamaño considerable y estar orientadas hacia el edificio siempre que sea posible. Cuanto mayor sea el tamaño de éste, más grandes deberán ser para equilibrar la zona ausente. Por ejemplo, una casa de unos 180 metros cuadrados necesitará una instalación acuática de por lo menos un metro y veinte centímetros de altura.

Cualquier instalación de agua de exterior atraerá vida animal, despertando y vivificando aún más el chi. Urnas, cuencos, estanques y fuentes para pájaros llenas de agua cristalina son una buena opción para realzar el chi siempre que tengan el tamaño apropiado para el lugar en que estén situadas.

9) *Bailarines del viento*

Ya se trate de objetos de brillantes colores o de formas caprichosas o de verdaderas obras de arte, todos los «bailarines del viento», como móviles, molinetes, estandartes, banderolas y veletas elevan y estimulan el chi.

En los lugares cerrados, se suelen utilizar para llenar espacios abiertos en estancias grandes de techos elevados. Así pues, un rico estandarte real colgado de un techo alto en la zona asociada a la riqueza no sólo añadirá un punto de interés tridimensional, sino que también servirá de recordatorio constante de la prosperidad y la abundancia. Los móviles pueden ser de muchos tamaños y estar fabricados en casi cualquier material, desde cristales hasta objetos naturales, metal, papel y vidrio. Un móvil de cristal colgado en la zona relacionada con la creatividad genera simbólicamente inspiración y nuevas ideas, mientras que uno hecho con objetos naturales situado en la zona correspondiente a la salud nos recordará el profundo sentido del bienestar que nos proporciona la naturaleza. Un móvil de artesanía que represente ángeles suspendido en la zona relativa a las personas útiles y beneficiosas nos hará pensar en las ventajas y coincidencias que otras personas aportan a nuestras vidas.

En el exterior, los bailarines del viento llaman y hacen circular el chi con sus movimientos y su atractivo visual. Atraen la atención y el chi positivo hacia los negocios y los hogares por igual, y pueden llegar a marcar hitos. Para señalar una esquina de la que carezca un edificio puede utilizarse un mástil de bandera, que completará simbólicamente la estructura. La bandera ondeando al viento puede representar algo que usted ame: su país, sus colores, su principal interés, su símbolo o su logo. Los molinetes y estandartes colgados de pérgolas, porches y aleros elevan el chi y realzan el bagua de cualquier edificio.

10) Arte

El arte de todo tipo, ya se trate de pintura, escultura, collage o creaciones textiles, ejerce una poderosa influencia sobre las personas. La principal norma que nos dicta la experiencia es que para garantizar el chi en diversas zonas bagua y para realzarlo en general, el arte debe conseguir las imágenes y sentimientos positivos relacionados con la zona que se quiere reforzar. Así, el arte romántico será más eficaz colocado en la zona del amor; mientras que las piezas de arte intensas y dinámicas lo serán en las zonas relacionadas con la carrera profesional, la riqueza y la fama. Por su parte, los trabajos artísticos llenos de serenidad realzarán la zona bagua relacionada con la salud y el arte inspirador, las zonas asociadas con el saber y la cultura y con las personas útiles y los viajes. El arte de brillantes colores y lleno de fantasía vivificará la zona relativa a la creatividad y los hijos.

Cuando elija piezas de arte para realzar una zona bagua, busque obras que realmente le «digan» algo. Si ese arte está destinado a una estancia de la casa que comparte con otras personas, asegúrese de que a ellas también les gusta. Lo ideal es que el arte represente imágenes saludables y tenga colores agradables que le exalten positivamente cada vez que lo contemple. Los temas violentos, horripilantes o tristes no pueden considerarse buenas elecciones para realzar el bagua. Preste especial atención a los objetos o cuadro que actualmente ocupa las zonas bagua que desea realzar. Si no reflejan con precisión y belleza sus objetivos y deseos, remplácelos por otros que sí lo hagan.

En cierta ocasión, una pareja cuyo principal problema era que la esposa tenía la sensación de pasar demasiado tiempo sola esperando que su marido volviera del trabajo descubrió que tenían colgada en la zona asociada con el amor una pintura que representaba a una mujer de aspecto melancólico sentada sola a una mesa... Recuerde: es mejor no poner nada que tener algún objeto que no le alegre el corazón.

Fuera de la casa, las piezas de arte y las esculturas arraigan y estabilizan el chi con su peso y su presencia. Obviamente, cuanto mayor sea su tamaño, más poderosas pueden resultar para equilibrar simbólicamente el chi que rodea exteriormente un edificio. Según su tamaño y su ubicación, transmiten un potente mensaje a las personas que las observan. Un magnífico ejemplo en este sentido es la Estatua de la Libertad, elevándose sobre el puerto de Nueva York para dar la bienvenida a quienes llegan dispuestos a emprender una nueva vida.

Considere la posibilidad de crear su propio arte. Puede reunir imágenes de su pareja ideal, de su carrera, familia, salud o riqueza y montar con todas ellas un collage. Con ello lo que estará haciendo será unir todo el chi necesario para mejorar su vida. Dibuje, pinte, teja, construya o esculpa imágenes que simbolicen sus ideales. ¿De qué color es su reputación? ¿Qué forma tiene su cultura? ¿Cuál es la imagen de su carrera? Al crear su propio arte, estará pulsando una cuerda muy personal para alcanzar un resultado específico. Su chi pasará a conformar literalmente su obra de arte con el propósito de mejorar su vida. A menudo con todo este proceso se obtienen resultados sorprendentemente eficaces.

Los símbolos espirituales y religiosos que a usted le resulten personalmente significativos atraen, vivifican y elevan con fuerza el chi que los rodea allí donde estén situados.Son imágenes de ángeles, santos, grandes maestros, dioses, deidades y místicos. También se considera símbolos espirituales algunos libros como la Biblia, el Corán y los Upanisads, o figuras como la cruz, la estrella de seis puntas o la sri yantra. Una vez más, la clave está en que esos símbolos tengan un significado inspirador personal para usted. Colóquelos en cualquier zona bagua en la que realmente crea que necesita ayuda. Las zonas correspondientes a las personas útiles y al saber y la cultura están a menudo directamente relacionadas con el desarrollo y la ayuda espiritual, y pueden estar simbolizadas por un minúsculo ángel, una figura religiosa o un altar completo que incluya muchos objetos significativos.

Conserva todo momento como sagrado. Dale
a cada uno claridad y significado, a cada uno
el peso de tu conciencia.

THOMAS MANN

9

Las ofrendas bagua

A lo largo de nuestras vidas, damos y recibimos bendiciones en múltiples celebraciones distintas: como en bautismos bar mitzvahs, bodas y fiestas de cumpleaños. Cuando consideramos nuestros hábitats seres tan vivos, dinámicos y animados como podamos serlo nosotros mismos, honrarlos de vez en cuando con una bendición especial adquiere bastante sentido. Quizás esté usted familiarizado con bendiciones o celebraciones como la fiesta de inauguración de una casa o la de cortar el lazo ceremoniosamente atado del umbral de la puerta.

Para las celebraciones bagua, tanto en el interior como en el exterior de la casa, utilizaremos como plantilla el mapa bagua. Las destinadas a bendecir un edificio, con objeto de proteger y afianzar los buenos deseos y el chi positivo de las personas que viven o trabajan en él, pueden ser oficiadas tanto en el interior como en el exterior de éste. Resultan apropiadas siempre que quiera equilibrar y fortalecer el chi de su hogar o lugar de trabajo. Una ceremonia bagua es una magnífica forma de proporcionar a las personas la fuerza necesaria para discernir cuáles son sus más íntimos deseos, anhelos, sueños y objetivos. En el caso de una pareja, les proporciona la oportunidad de reflexionar acerca de sus aspiraciones individuales, verbalizarlas y escuchar las de su compañero o compañera. Pueden explicarse mutuamente cuáles son sus deseos y ruegos, e inevitablemente se sentirán ambos impactados por las palabras que quizá nunca antes habían podido escuchar. Una bendición bagua también se puede celebrar en una oficina, donde dará la oportunidad a cada uno de los participantes de descubrir hasta qué punto los deseos y aspiraciones de sus colegas son únicos, similares a los propios o sorprendentes. Además de bendecir el edificio en que se celebren, las ceremonias bagua casi siempre consiguen profundizar en las experiencias individuales y abrir los corazones de sus participantes, creando y fortaleciendo la comunicación y el chi positivo entre ellos.

Ofrendas bagua de puertas adentro

Las ceremonias de bendición bagua que se celebran en el interior del edificio pueden llevarse a cabo en soledad, en compañía del resto de personas que viven o trabajan en la casa u oficina, o con un grupo de personas reunido especialmente para participar en la ofrenda. Necesitará nueve velas y otros tantos platos o candelabros. Decida qué tipo de velas quiere utilizar, ya sean votivas de los distintos colores bagua, cirios o velas blancas. Antes de iniciar su ofrenda, puede colocar una vela en cada una de las zonas bagua y la última de las nueve en el centro del edificio. Pero también puede llevarlas consigo e ir poniéndolas cada una en su lugar a medida que se va celebrando la ceremonia.

Empiece la bendición bagua del edificio colocándose de pie o sentado en la zona bagua asociada con la salud y la familia. Déjese llevar a un estado mental receptivo, de meditación. Encienda la vela y deténgase un instante a reflexionar acerca de cuáles son sus esperanzas, aspiraciones, objetivos y deseos relacionados con su salud y su familia. Cuando se sienta preparado, recítelos en voz alta, aunque se encuentre solo. Tómese su tiempo. Si hay otras personas presentes que vivan o trabajen allí, también expresarán por turno sus esperanzas, sueños y buenos deseos relativos a sus respectivas familias y a su salud. A continuación, invite a los participantes que no vivan ni trabajen allí a desear verbalmente buenos augurios para la salud y la familia de las personas que viven o trabajan en el edificio que está siendo bendecido.

Una vez completada la ceremonia en la zona correspondiente a la salud y la familia, camine siguiendo la dirección de las agujas del reloj hacia la zona relacionada con la riqueza y la prosperidad. Una vez allí, usted y todos los demás participantes deberán seguir los mismos pasos descritos más arriba, concentrándose en sus esperanzas, deseos y aspiraciones relacionados con su riqueza y prosperidad personales.

Siga en la dirección de las agujas del reloj recorriendo cada una de las zonas bagua. Después de la correspondiente a la riqueza y la prosperidad, diríjase a la zona relacionada con la fama y la reputación, luego a la del amor y el matrimonio, hijos y creatividad, personas útiles y viajes, carrera profesional, y por último a la que se asocia con el saber y la cultura. En cada una de las zonas bagua, tómese todo el tiempo que necesite para encender la vela, reflexionar y concentrarse acerca de ese particular aspecto de su vida, y luego exprese sus deseos en voz alta.

Cuando haya recorrido las ocho zonas del mapa bagua, diríjase al centro del edificio, donde completará su ofrenda. Encienda la última vela, repase en silencio todas las palabras que hayan sido pronunciadas, y déjese invadir por todo el chi que se ha acumulado en torno a usted. Es importante aprehender el sentido de que el edificio bendecido es como un «ser vivo» que existe para apoyarle y nutrirle de forma total y absoluta, con cuyo chi se encuentra usted ahora…, y en el futuro en perfecta armonía. Cuando se sienta preparado, complete su ofrenda con una oración final, un resumen verbal de todo lo que se ha dicho, o bien un simple «gracias» o «amén».

Ofrendas bagua en el exterior

Las bendiciones también se pueden ofrecer alrededor del perímetro de un edificio, echando arroz sobre la tierra que lo rodea y personalmente, desde que se descubrió que el arroz resultaba perjudicial para los pájaros, prefiero utilizar alpiste. Todas las simientes simbolizan la promesa de una nueva vida en potencia, por lo que puede elegir cualquiera de ellas: césped, hierba o flores silvestres. Al igual que en el caso de las ofrendas en el interior del edificio, las del exterior también las puede realizar solo, con las demás personas que vivan o trabajen en el mismo edificio y/o con amigos que le quieran bien.

Para preparar una ofrenda bagua en el exterior, llene con semillas un pequeño cuenco que entregará a cada participante. Yo suelo utilizar los sobres rojos que pueden adquirirse en los mercadillos chinos y tiendas de regalos, pues simbolizan la celebración de la vida. Usted también puede hacerlo o bien adornar sus propios sobres, bolsas o saquitos para darle mayor significado a su ceremonia de bendición. También necesitará una vela para el centro del edificio, que puede ser colocada allí antes de iniciar la celebración o ser transportada durante el transcurso de la ofrenda por uno de los participantes.

La ofrenda realizada en el exterior sigue el mismo esquema que la del interior. En primer lugar, sitúese a una distancia entre uno y dos metros y medio aproximadamente de la parte del edificio asociada a la salud y la familia. Colóquese de cara a él y dedique unos instantes a reflexionar acerca de cuáles son sus ruegos, deseos, esperanzas y aspiraciones relativos a su salud y su familia. Cuando esté preparado, enúncielos en voz alta. A continuación, los demás participantes, las personas que también viven o trabajan en el mismo edificio expresarán por turno sus reflexiones y ruegos. En ese momento, cualquier otra persona que participe en la ceremonia será invitada a manifestar una bendición relacionada con la salud y la familia para las personas que viven o trabajan allí.

Cuando se haya concluido con todas la plegarias relativas a la salud y la familia, cada uno de los participantes deberá coger un puñado de semillas de su sobre y lanzarlo hacia el edificio. Se trata de un acto simbólico para afianzar las ofrendas y buenos deseos de todos los participantes con el chi de una nueva vida.

De la misma manera que en la ceremonia celebrada en el interior de la casa, camine en la dirección de las agujas del reloj hacia la zona asociada con la riqueza y la prosperidad. Una vez más, dedique unos minutos a la reflexión, y luego exprese en voz alta sus esperanzas, objetivos y buenos deseos por lo que respecta a su riqueza y prosperidad. Cuando usted y el resto de participantes hayan acabado, lancen más semillas hacia los cimientos del edificio, afianzando así toda la bondad del momento, ahora y en el futuro. A continuación, siga de nuevo la dirección de las agujas del reloj hacia las zonas asociadas con la fama y la reputación, el amor y el matrimonio, la creatividad y los hijos, las personas útiles y los viajes, la carrera profesional y, por último, el saber y la cultura.

Lo ideal es que su ofrenda bagua en el exterior sea abordada como un tiempo sacrosanto, de forma que se establezca, literal y simbólicamente, una relación singular entre usted y el hogar o lugar de trabajo que está bendiciendo. Es un momento idóneo para reflexionar sobre la forma tan favorable que le asiste esa estructura arquitectónica dinámica y viva, para atraer y afianzar la buena fortuna, la felicidad y la prosperidad. Goce del placer de escuchar cómo usted mismo y el resto de participantes en la ceremonia están erigiendo un chi armonioso con sus bendiciones pronunciadas en voz alta, un chi que quedará allí arraigado eternamente mediante el símbolo de una nueva vida: las semillas.

Una vez realizada la ofrenda en las ocho zonas exteriores, diríjase de nuevo al centro del edificio. Ahí es donde su ofrenda quedará completada cuando encienda la vela y repase en silencio todo lo que se ha dicho. De la misma forma que en la ofrenda realizada en el interior de la casa, concluya la celebración con una oración final, una síntesis de todas las bendiciones que han sido compartidas o un sencillo «gracias» o «amén».

Las ofrendas bagua a menudo se celebran para festejar el inicio de algo, como el estreno de un nuevo hogar, el nacimiento de un hijo, un segundo matrimonio o una nueva carrera profesional. En estos momentos de reflexión y ofrenda nos ponemos a la altura de las estructuras que nos cobijan en la vida. Una ofrenda bagua es también una magnífica forma de hacer acopio de fuerzas durante épocas difíciles. Todos los tesoros de la vida, representados por el bagua, están interrelacionados, por lo que cuando fortalecemos uno de ellos estamos en realidad reforzándolos todos.

Nos debemos reservar una trastienda
exclusivamente nuestra, libre por completo, en la que
establecer nuestra verdadera libertad y nuestro
fundamental refugio, nuestra soledad.

MICHEL EYQUEM DE MONTAIGNE

10

El respeto a la intimidad
y el territorio propio

Al igual que las vitaminas y las sustancias nutritivas, la intimidad y la posesión de un espacio exclusivamente personal también constituyen necesidades humanas fundamentales. No conozco a nadie a quien le guste encontrar su escritorio ordenado por otra persona, o a quien no le moleste que le miren fijamente durante un buen rato. Nuestra cultura nos enseña ciertas maneras de relacionarnos con los demás que pueden resultar ofensivas para personas pertenecientes a otras culturas. A la mayoría de nosotros, los occidentales, nos resulta enojoso conversar con alguien a pocos centímetros de distancia, como están habituadas a hacerlo personas de muchos países de Oriente Próximo, ya que estamos acostumbrados a guardar una mayor distancia.

De la misma manera, nuestra usual forma de comunicarnos a través de la mirada puede ser realmente desconcertante para algunas personas pertenecientes a ciertas culturas asiáticas. Incluso en el seno de nuestra propia cultura, las necesidad de disponer de intimidad y de un espacio exclusivamente personal varía considerablemente según cada individuo. Hay a quien le gusta que le abracen y le besen, mientras otros sienten que con esas intrascendentes expresiones de afecto se está violando su intimidad.

También debemos tener en cuenta que las personas que comparten el mismo espacio vital —cónyuges, compañeros de apartamento o familias completas— tienen a menudo diferentes gustos estéticos. Si a eso añadimos el hecho de que las personas crecen, maduran y cambian, es lógico que en cierto momento de su vida quieran modificar su entorno de una forma que quizá le resulte desagradable a alguna otra persona que se vea obligada a compartirlo. Esas actitudes pueden conducir a violaciones del espacio vital y provocar auténticas «guerras fronterizas».

La mayoría de nosotros podemos sentirnos identificados, en mayor o menor grado, con las historias que explicaré a continuación y que sirven para ilustrar la importancia de respetar la intimidad y los límites del espacio personal de los demás.

PEDIR PERMISO

Nancy vivía con su esposo Sid en un castillo del siglo XX: una casa palaciega de mármol de más de mil metros cuadrados en la que no se había escatimado un céntimo. Ella había oído hablar del Feng Shui en una fiesta y decidió buscar a un especialista en el tema. Fue una de mis primeras clientas. Cuando concertamos nuestra entrevista, no se me ocurrió preguntarle si Sid también estaba interesado en que su castillo fuera reorganizado desde el punto de vista del Feng Shui.

Me presenté allí una cálida mañana veraniega y tuve que atravesar varias verjas de seguridad electrónicas situadas junto a una cascada artificial de la que brotaba sin cesar agua hacia la calle. Me pregunté por qué razón iba a querer nadie construir una cascada que fluyera hacia el exterior de la casa. Es cierto que el chi que se derramaba fuera de aquel hogar proporcionaba un impresionante espectáculo a cualquiera que pasara por allí, pero una gran cantidad que hubiera podido vagar benéficamente por las dependencias de aquella propiedad se veía forzado a alejarse de ella.

Nancy respondió a mi llamada en la entrada principal abriendo las puertas de cinco metros de altura para dejarme pasar. Me encontré ante un imponente vestíbulo que se prolongaba en un amplio recibidor, que a su vez conducía al resto de la casa. Rodeada de fríos suelos y paredes de mármol, deseé haberme abrigado un poco más antes de salir de casa.

La seguí en un inacabable recorrido, pasando de una espectacular estancia a otra. Nancy se lamentaba ante todo de que ella y su esposo no utilizaban en absoluto muchas de aquellas estancias. Habitaban básicamente la cocina, un pequeño gabinete y la alcoba matrimonial.

—Fíjate en esta habitación, por ejemplo —dijo—. Ni siquiera cuando viene alguien la utilizamos.

Nos encontrábamos en el umbral de un espacioso salón. Todo estaba decorado en color blanco crudo con diversos matices, y había numerosas esculturas de metal y de aspecto bastante aparatoso sobre pedestales también blancos. Los asientos de la estancia consistían en dos larguísimos sofás blancos. Cada uno de ellos tenía veinticuatro grandes cojines blancos alineados estrechamente uno junto al otro en filas verticales.

—Ya hay cuarenta y ocho personas sentadas aquí —comenté—. No queda sitio para nadie más.

—¡Nunca se me había ocurrido verlo de esa forma! —exclamó.

—Por otra parte, esta estancia está compuesta exclusivamente por el elemento metal —le expliqué—. Habría que incorporar los colores y formas correspondientes a los otros elementos, sobre todo el fuego.

Retiramos 40 de los cojines, dejando un generoso número de ocho, más que suficiente para dar protagonismo a los sofás. Nancy trajo numerosas y grandes velas de color borgoña y las colocó sobre la mesita del café en lujosos candelabros de cristal. La habitación empezó a revivir. Nancy captó la idea y puso también pintorescos objetos de vivos colores y recuerdos que ella apreciaba, distribuyéndolo todo por las mesas y las estanterías del salón. Los objetos que había elegido comprendían representaciones de todos los elementos, lo que confirió a la estancia una nueva atmósfera llena de calidez y equilibrio.

—¡Ahora sí que me apetece estar aquí! —declaró.

Seis horas más tarde, después de haber hecho muchos cambios y tomado notas de los que aún quedaban por hacer, dimos por finalizada nuestra sesión por aquel día y quedamos de acuerdo en trabajar con el bagua en nuestra siguiente cita.

Aquella noche, cuando Sid volvió a su castillo, notó de inmediato los cambios que habíamos hecho. Allí donde mirara, encontraba algo fuera de su lugar habitual.

—¿Qué demonios ha pasado aquí? —preguntó mientras escrutaba en la cocina.

—Ah, ha venido una asesora de Feng Shui y hemos estado trabajando en la casa —respondió Nancy.

—¿Una qué? Pero, ¿te has vuelto loca? No me he gastado una fortuna en un diseñador para que tú te pongas a cambiarlo todo de sitio... ¡Pon ahora mismo cada cosa en su lugar, y hablo en serio! —Sid salió de la cocina dando un portazo y Nancy le oyó maldecir mientras iba de habitación en habitación, descubriendo nuestra obra.

Ahora era ella la que estaba enfadada. ¿Por qué no había mencionado yo la posibilidad de que su esposo reaccionara como lo había hecho? En definitiva, mi visita no la había ayudado en absoluto a mejorar su matrimonio. Mientras Sid continuaba dando portazos y expresando verbalmente lo disgustado que estaba, Nancy me telefoneó para anular nuestra cita. ¡No me necesitaba para nada! Ya podía quedarme yo con el bagua. Iba a necesitar bastantes días para reconciliarse con su marido. ¿Cómo me había atrevido a provocar aquel problema en su vida?

Ni qué decir tiene que aprendí bien la lección. Practicar el Feng Shui en un entorno perteneciente a una persona que no ha dado su permiso para ello es muy parecido a desnudar a alguien sin su consentimiento. Cambiar el entorno de una persona es entrar en un terreno muy personal, y si se hace sin su permiso puede sentirse poco menos que violada. En la actualidad me aseguro de contar con el consentimiento de cualquier persona mayor de doce años que viva en el espacio en que trabajo. Como asesora de Feng Shui, hago sugerencias y comentarios acerca de las estancias en las que se me invita a trabajar, pero respetando siempre el hecho de que son las personas que viven o trabajan en ellas quienes deben decidir si llevarán a la práctica los cambios que les sugiero, y desde luego en el momento en que ellas decidan hacerlo y a su manera.

EL GRAN CAZADOR BLANCO

Cuando Steve volvió a casa después de su viaje a Kenya y desplegó orgulloso la piel de cebra que había comprado allí, su esposa Sandy casi vomitó. ¡Aquel trofeo era una de las cosas más repugnantes que había visto en su vida! Sin embargo, él estaba absolutamente prendado de aquella piel de cebra, y tenía pensado colgarla en la pared de la sala, encima del sofá, para que todo el mundo pudiera admirarla. La verdad es que se llevó una gran sorpresa al ver que su mujer no compartía su mismo entusiasmo. Tuvieron una acalorada discusión sobre el lugar que ocuparía la piel. Sandy quería que desapareciera, sin más, mientras que Steve deseaba ponerla en algún lugar bien visible, donde le pudiera recordar su viaje a África. Para él era tan importante que puso en práctica su primera idea y colgó su trofeo encima del sofá mientras su mujer estaba en el trabajo, convencido de que ella acabaría por apreciarla tanto como él. No tuvo esa suerte.

Sandy me telefoneó hecha un mar de lágrimas y me explicó lo que le sucedía. Estaba segura de que el chi de un animal muerto colgando de una pared de su sala de estar sería terrible. Le sugerí que nos reuniéramos los tres, de forma que yo pudiera hablar también con Steve. Antes de bajar del coche ya vi a través de la ventana la piel de cebra colgada encima del sofá. Supuse que a aquellas alturas todo el vecindario sabría que Steve había estado en África.

Intentar respetar los límites fronterizos del espacio vital de las personas a menudo obliga a penetrar en terreno pantanoso. En este caso en concreto, me hallaba ante una persona que desde su punto de vista había vivido una experiencia verdaderamente emocionante, y que quería mostrar el símbolo de aquella aventura al mundo entero, aunque su compañera no estuviera dispuesta a cooperar. De hecho, para ella aquel símbolo resultaba ofensivo, y no quería saber nada de él. Es decir, me enfrentaba a dos personas que se sentían violentadas, incomprendidas y enfadadas. ¿Qué hacer?

Siempre que sea factible, resulta útil aplicar la vieja regla de «divide y vencerás». En otras palabras, dale a cada cual el territorio que le corresponde. La idea es trazar una línea divisoria en el perímetro de un espacio determinado, ya sea este grande o pequeño, y respetar que todo lo que esté a cada lado de esa frontera será controlado exclusivamente por una de las dos personas. De esta forma, los dos podrán hacer lo que les plazca sin interferir en el espacio vital del otro.

En el caso de Sandy y Steve, ambos reclamaban una habitación que fuera territorio privado. Steve ya tenía una a la que llamaba su estudio, en la que Sandy hacía notar su presencia cambiando de lugar o llevándose cosas que él quería tener allí siempre que a ella le resultaba conveniente. Sandy no se daba cuenta de lo importante que era respetar el estudio de Steve; tampoco lo consideraba un espacio que le perteneciera exclusivamente a él. Hacía poco le había cambiado la lámpara de su escritorio por otra llena de absurdos adornos que tenía en la mesilla de noche, argumentando que la necesitaba para la sala de estar, lo que a él le había molestado bastante.

Por otra parte, Sandy nunca había reclamado ninguna de las habitaciones como exclusivamente suya. Consideraba que toda la casa lo era, incluido el estudio de Steve. Sin embargo, cuando reflexionó acerca de ello, se dio cuenta de que no tenía ningún lugar al que poder acudir para disfrutar de cierta intimidad, para meditar, para escribir una carta o para desarrollar proyectos creativos. Supuestamente, «poseía» la totalidad de la casa, pero lo cierto es que ni una sola estancia era exclusivamente suya. Decidió tomar posesión de la habitación de invitados y decorarla con «todas esas cosas tan femeninas» que a Steve le disgustaban tanto. La desdicha de Sandy se disipó rápidamente en cuanto consideró la idea de disponer de su espacio privado, que podría decorar como quisiera.

Echamos un vistazo al estudio de Steve, que estaba en la zona de la casa relacionada con la fama y la reputación. Había situado el escritorio contra una pared, con lo que la silla quedaba de espaldas a la puerta. Nunca había pensado en la posibilidad de girarlo de forma que quedara de frente a la puerta, pero ahora lo haría y así su querida cebra dispondría de toda la pared de detrás de él; ese sería su dominio. Las fotografías que había tomado en Kenya realzarían las otras paredes. Puesto que una de las cosas interrelacionadas con la zona bagua asociada a la fama y la reputación es el elemento fuego, que puede estar simbolizado por animales, era razonable pensar que el reino salvaje de Steve estaba bien situado allí. Y Sandy no tendría derecho a poner ni quitar nada de aquella habitación. Por lo menos así lo prometió, con la condición de que Steve no bromeara acerca de sus flores y encajes.

Dejé a aquella dama victoriana y a su gran cazador blanco reconciliados y en paz; ambos se sentían aliviados por haber conseguido establecer fronteras claramente delimitadas en el espacio en que convivían.

El don de respetar la intimidad y los límites territoriales.

Tanto si está usted casado como si tiene otro tipo de relación familiar, o si comparte la vivienda o la oficina con otra persona, defina claramente cuál es su espacio privado en ese entorno. Cuando no se respeta esa necesidad básica, lo más probable es que surjan «guerras fronterizas», ya sea en forma de sutiles escaramuzas o de batallas campales. Respétese a sí mismo estableciendo un determinado espacio que pueda considerar exclusivamente suyo. Y respete también a los demás invitándoles a hacer lo mismo. En cualquier vivienda o lugar de trabajo, el chi fluirá de forma mucho más saludable y amistosa si se respeta esta sencilla norma.

Hasta los niños de dos años de edad se las arreglan para expresar su necesidad de disfrutar de un espacio propio. Cuando los hermanos se vean obligados a compartir la habitación, ayúdeles a establecer y delimitar su rincón propio colocando en ese espacio objetos que les produzcan alegría, como determinados juguetes, su equipo de fútbol o sus peluches. En una habitación compartida, cada niño debe tener su propio rincón, que debe ser respetado por los demás como un espacio «fuera de sus límites». Sin embargo, la única forma de que este concepto funcione es que el resto de la familia lo tome en serio. Los niños pequeños aprenden rápidamente que mamá y papá necesitan su tiempo para estar a solas si sus propios límites territoriales son respetados.

Los adolescentes suelen insistir en tener un espacio propio y muy personal. Como sucedía en la historia de Angie, en el apartado relativo al saber y la cultura (página 188), los adolescentes pueden presentar auténticos retos a los demás miembros de la familia cuando se ven catapultados a la pubertad. Su espacio privado suele ser caótico y conflictivo. Por regla general, el caos generado por los adolescentes es muy activo: cambia a medida que ellos cambian, y eso sucede con mucha frecuencia. En la mayoría de los casos, lo mejor es cerrar la puerta de su habitación durante algunos años y dejar que el caos siga su curso. Sin embargo, como sucedía con Angie, en ocasiones es necesario intervenir, aunque casi siempre es mejor presentar esa intervención como una sugerencia y no como una exigencia. De nuevo, la elección de respetar los límites privados del prójimo suele proporcionar espacio suficiente como para que prevalezcan la armonía y el equilibrio.

Un viaje de mil leguas
empieza en el lugar
en el que están tus pies.

LAO TSE

11

Viajar con el Feng Shui

En mitad del trabajo de redacción de este libro, mi esposo Brian y yo decidimos alquilar una cabaña en un pequeño pueblo de montaña para celebrar su cumpleaños. Ambos nos sentíamos felices de poder alejarnos de nuestras atareadas vidas en San Diego y disfrutar de la tranquilidad de la montaña. Reservamos la cabaña por recomendación de un amigo, y poco después emprendimos la marcha.

Al llegar descubrimos que el refugio era una maravilla de puertas adentro, pero que estaba situado a poco más de tres metros de una carretera de dos direcciones muy transitada. Ni qué decir tiene que la paz y la tranquilidad que esperábamos se veía rota constantemente por el ruido de los coches. A mí no se me había ocurrido preguntar si la cabaña estaría ubicada prácticamente en medio de una carretera. Las demás se hallaban acogedoramente escondidas en el bosque, pero ya estaban ocupadas. Decidimos hacer todo lo que estuviera en nuestras manos para conseguir que esa funesta ubicación resultara tolerable. Trasladamos la cama de la parte delantera al fondo de la casa, colocamos velas y flores frescas en la habitación y pusimos música suave, lo que nos ayudó a contrarrestar el dominante rumor del «río embravecido» de chi que suponía aquella carretera. Aun así, tuvimos que cerrar las ventanas, lo que eliminó el ruido del tráfico, pero también el frescor y el agradable aroma de los pinos del que habíamos esperado disfrutar.

Aquella experiencia me inspiró la idea de añadir este capítulo relativo a los viajes y el Feng Shui. Utilice la siguiente información que sigue como guía antes de decidirse a hacer ninguna reserva en sitios en los que no haya estado nunca.

En primer lugar, decida exactamente el tipo de entorno en el que le gustaría hallarse. ¿Quiere un lugar íntimo, tranquilo y apartado del resto del mundo o prefiere un sitio convenientemente cercano al centro de actividad más próximo? (¿o una combinación de ambos?) ¡Defínase! Investigue dónde se encuentran las avenidas, carreteras, autopistas y los vecinos más cercanos, e infórmese también de si hay centros comerciales, iglesias o negocios por los alrededores. En los hoteles, es importante evitar habitaciones que se encuentren junto a restaurantes, bares, salas para recepciones, máquinas de hielo y refrescos, huecos de ascensores y cualquier otro factor que, como los mencionados, pueden constituir problemas potenciales.

Segundo, pida una detallada descripción del interior. ¿Cuáles son los colores predominantes? Quizá no desee pasar un fin de semana rodeado de un anticuado color verde aguacate combinado con un marrón aherrumbrado. Además de la información más habitual acerca del tamaño de la cama o de los aparatos eléctricos de que dispone (televisión, vídeo y radio), pregunte si hay puertas de comunicación entre el dormitorio y el cuarto de baño y si las ventanas pueden abrirse. ¿Disponen de alguna fotografía del lugar que puedan enviarle? Sea tan puntilloso en estos aspectos como lo es en lo relativo a la ropa que lleva o a lo que come.

Tanto si planea una semana de retiro en una rústica cabaña como si lo que quiere es disfrutar de un lujoso apartamento durante un mes o pasar una noche en un hostal económico, emplear un poco de tiempo en informarse por teléfono puede ahorrarle muchos disgustos. Por otra parte, he comprobado que las personas que se muestran amistosas, serviciales y dispuestas a responder a todas mis preguntas, suelen estar ofreciendo, casi siempre, un lugar agradable y acogedor con un Feng Shui positivo.

El equipo de viaje del Feng Shui

A veces no resulta posible reservar la habitación ideal, como en el caso de un viaje de negocios en el que se ha encargado otra persona de todos los preparativos, o bien nos enfrentamos con una barrera comunicativa determinada por el idioma. Sea cual sea la razón, lo más inteligente es viajar siempre con un equipo básico de viaje de Feng Shui. Puede completarlo eligiendo herramientas pequeñas y ligeras capaces de estimular, equilibrar y poner en circulación el chi en cualquier entorno. Mi equipo de viaje Feng Shui, por ejemplo, consiste en una pequeña bolsa para alhajas en la que llevo cuatro cristales tallados de forma redondeada ensartados en cuerdas, cuatro angelitos hechos con cartoncillo, y cuatro velas de incienso purificador de aromas como el pino o el sándalo con sus soportes metálicos. Estos pequeños estimuladores del chi pueden transformar una habitación sombría en una estancia viva y agradable. También llevo lo necesario para instalar cada cosa en el lugar adecuado: clips sujetapapeles, chinchetas para señalizar puntos concretos en un mapa, cuerda y cerillas. Cargo además con un pañuelo multicolor en el que están representados los colores correspondientes a los cinco elementos, y ya estoy lista para ponerme en camino.

Cada estancia requiere un tratamiento diferente. Puede basar sus mejoras en el mapa bagua, y tomar la puerta de la habitación como la entrada principal. Yo casi siempre cuelgo al menos un cristal en la ventana y coloco las velas y los ángeles en las zonas correspondientes a la salud, la riqueza y el amor. Si la atmósfera de la habitación parece «muerta» o estancada, también cuelgo un cristal del techo, en el centro del dormitorio o del cuarto de baño. A menudo dedico un trocito de la mesa o escritorio a la bellaza para poder reposar en él la mirada y absorber así el chi. Ese lugar puede estar compuesto por mi pañuelo con los colores de los cinco elementos, incienso, velas, ángeles, y un cuenco o recipiente de vidrio con agua y flores frescas o plantas cuando están a mi alcance. La idea es viajar llevando objetos que puedan tranformar rápidamente un espacio dudoso en un lugar que sustente y cuide de usted, incluso aunque sólo pase allí una noche. Escoja objetos ligeros y téngalos siempre listos para emprender la marcha en cualquier momento.

El mobiliario en viaje

Me considero una notable restauradora del mobiliario con que me encuentro en mis «hogares fuera de mi hogar». Siempre que los muebles no estén clavados a la pared, es juego limpio. Me he dado cuenta de que cambiar de lugar por lo menos una pieza del mobiliario que lleva allí quién sabe cuánto tiempo, realmente despierta y vivifica el chi. Piense en cómo distribuiría los muebles si se fuera a vivir a ese lugar, y haga los cambios que crea convenientes.

También me gusta cubrir el televisor casi siempre situado en un lugar muy visible con una tela, un pañuelo o una toalla y así «ponerlo a dormir», por decirlo de alguna manera. Muy pocas personas se sienten cómodas cuando se las observa fijamente, aunque en este caso se trate del ojo negro de una gran pantalla de televisión.

Haga todo lo que crea necesario para sentirse tan cómodo como en su propio hogar, en la medida de lo posible, claro está. Trabajará y descansará mejor, a la vez que preservará la integridad de su chi vital.

Limítate a confiar en ti mismo, entonces
sabrás cómo vivir.

GOETHE

12

Sumario. Descubra su paraíso

El Feng Shui le abre las puertas a todo un nuevo mundo en el que verá, escuchará y conocerá de una manera distinta su entorno. Cuando pueda «ver» cómo el chi se mueve a través de un espacio determinado, «oír» lo que le está diciendo, y saber cómo equilibrar y mejorar su calidad, entonces se habrán abierto sus ojos a la mirada del Feng Shui. Será libre para crear su propio paraíso: un lugar en el que estará rodeado de sus reafirmaciones sobre el entorno, y de sus elecciones en lo relativo a la iluminación, el arte, el mobiliario, los colores, diseño, objetos naturales y estructuras arquitectónicas. Se trata de un lugar en el que el chi fluye de forma armoniosa en cada una de las habitaciones, sosteniendo su hogar a la vez que le inspira, le rejuvenece, le reconforta y le protege. Un lugar que le recibe con los brazos abiertos y que posee las suaves y sustentadoras virtudes capaces de hacer que las tensiones del día se desvanezcan. Es un lugar que le «habla» de forma melodiosa y alegre. *Es su lugar privado donde encontrar la paz.*

Mediante el Feng Shui, también puede organizar su lugar de trabajo, para convertirlo en un trampolín hacia el éxito. Será libre para crear su propio centro de poder, escogiendo y disponiendo el mobiliario de forma que extraiga lo mejor que lleva dentro, situándolo en su lugar de poder, lleno de energía y motivaciones. Ese lugar es su tablero de juego, dispuesto para que gane la partida. Se trata de un sitio en el que usted coloca imágenes y objetos que constantemente le ayudan a concentrarse en el trabajo que tenga entre manos, que estimulan su creatividad y que apoyan sus objetivos y planes de futuro. Oportunidades favorables, tales como ascensos, invitaciones, citas y progresos de todo tipo formarán parte de su experiencia cotidiana. Es un lugar en el que su vitalidad y su carisma están constantemente realzados y apoyados por la vivificante circulación del chi. *Es su lugar de poder.*

Puesto que no existen dos hogares, oficinas, personas, días o momentos que sean iguales, su reto consiste no sólo en crear un entorno ideal para usted, sino también en mantenerlo así. Recuerde que cuanto más dinámica sea su vida, más dinámicos serán también su hogar y su lugar de trabajo, que son un reflejo directo de usted mismo. Las mejoras y modificaciones que haga hoy desde el punto de vista del Feng Shui, necesitarán ser puestas al día, adaptadas y completamente renovadas cada cierto tiempo. Sus ojos deben permanecer abiertos y alerta a todo aquello que se mueve dinámicamente a su alrededor.

Hacer una instalación con agua en la zona correspondiente a la riqueza y la prosperidad, con un jardín de flores a su alrededor, puede favorecer extraordinariamente el flujo de dinero y el trabajo para usted. Sin embargo, a medida que pasa el tiempo, es importante que revise regularmente su «fuente de la fortuna» a través de su mirada Feng Shui, manteniéndola, añadiendo cosas y cambiando la zona de forma que refleje con precisión quién es usted en cada momento. Tanto si se trata de cambiar el color o el tipo de flores, de agregar iluminación, asientos o estatuas, o de cambiar por completo la instalación, sea tan creativo como le apetezca, y disfrute de cada nueva composición que realice. No hay límite para las vibrantes e inspiradoras combinaciones de objetos que puede crear para renovar el chi que fluye a su alrededor.

Ninguna solución es válida para siempre. Lo único que permanece eternamente es la «danza» entre usted y su entorno, una danza que puede aportar cada día felicidad, oportunidades y prosperidad a su vida.

¡Disfrútelo!

Hacemos una vasija de un pedazo de arcilla;
y es el espacio vacío en el interior de la vasija
lo que la hace útil.
Hacemos puertas y ventanas para una
estancia;
y son esos espacios vacíos los que hacen
la estancia habitable.
Así, mientras que lo tangible posee
cualidades,
es lo intangible lo que lo hace útil.

LAO TSE

Lecturas recomendadas

Chopra, Deepak, *The Seven Spiritual Laws of Success*, New World Library, San Rafael (EE. UU.), 1994. Existe traducción al español: *Las siete leyes espirituales del éxito*, Edaf, Madrid, 1996.

Connelly, Diane M., *All Sickness is Home Sickness*, Traditional Acupuncture Institute, Columbia (EE. UU.), 1993.

Govert, Johndennis, *Feng Shui, Art and Harmony of Place*, Daikakuji Publications, Phoenix (EE. UU.), 1993.

Hay, Louise, *You Can Heal Your Life*, Hay House, Carlsbad (EE. UU.), 1984. Existe traducción al español: *Usted puede sanar su vida*, Urano, Barcelona, 1989.

—, *Life! Reflections on Your Journey*, Hay House, Carlsbad (EE. UU.), 1995. Existe traducción al español: *¡Vivir!*, Urano, Barcelona, 1995.

Lao Tse, *Tao Teh Ching*, traducido al inglés por John C. H. Wu, Shambhala Publications, Boston (EE. UU.), 1961. Existen diversas traducciones al español.

Patent, Arnold, *You Can Have It All*, Beyond Words Publishing, Hillsboro (EE. UU.), 1995.

Lin, Jami, *Earth Design*, Miami Shores (EE. UU.), 1995.

Moore, Thomas, *Care of the Soul*, Harper Collins, New York, 1992. Existe traducción al español: *El Cuidado del alma*, Urano, Barcelona, 1993.

Roger, John, y Peter McWilliams, *You Can't Afford the Luxury of a Negative Thought*, Prelude Press, Los Angeles, 1988. Existe traducción al español: *Vida óptima*, Grijalbo, Barcelona, 1991.

Rossbach, Sarah, *Interior Design with Feng Shui*, Arkana Books, New York, 1987.

Rossbach, Sarah, y Lin Yun, *Living Color*, Kodansha International, New York, 1994.

Swan, James A. (ed.), *The Power of Place and Human Environments*, Quest Books, Wheaton (EE. UU.), 1991.

Wilhelm, Richard, *The I Ching or Book of Changes*, Princeton University Press, New York, 1971. Existe traducción al español: *I Ching, el libro de las mutaciones*, Edhasa, Barcelona, 1995.

Wing, R. L., *The Illustrated I Ching*, Doubleday, New York, 1982. Existe traducción al español: *Manual práctico del I Ching*, Edaf, Madrid, 1989.

Para obtener información sobre consultas de Feng Shui, programas de aprendizaje y posibilidades profesionales como asesor de Feng Shui, diríjase a:

Terah Kathryn Collins
The Western School of Feng Shui
P.O. Box 946
Solana Beach, CA 92075
Estados Unidos
(858) 793-0945
www.wsfs.com

Made in the USA
Middletown, DE
05 April 2016